Serenidad

radiante

Juan-José Reyes Ríos

Dedico esta obra a mi esposa.

SINOPSIS

"Serenidad radiante" es una novela corta sobre un grupo espiritual que huye del conflicto y de las ciudades en guerra. Dicho grupo, pertrechado de lo necesario, zarpa en una nave y se asienta en una isla distante, formando una colonia, dispuesto a rehacer una vida plena. Abundan los episodios, las vivencias y las hondas reflexiones.

Í N D I C E

(Serenidad radiante)

(1. En la isla de un mar)

Cuando contemplo la mar, parece como si mi mirada naciera de ella y se explayara con ella en sus riberas. La mar necesita de la humana mirada, de la contemplación insólita, de la vaporosa aquiescencia. Ahí están las naves trirremes del César; sí, veo cómo sus remos baten la mar, y cómo sobre ella se extiende la noche tenebrosa.

Lo importante en nuestra época, no es navegar, sino hacia dónde navegar. ¿Cuántas naves habrán encallado en inesperados bajos, o habrán naufragado en alta mar? Las tempestades son violentas, desaforadas. Sin esa luz interior me encontraría muy solo, abismado; su presencia me hace sostenible este mundo que paulatinamente se desmorona. Comoquiera que mis proezas no van más allá de una ringlera de versos escanciados, o de la asimilación de una literatura previa, de una poesía épica cuyas estrofas han perdido el sabor de lo prístino, me contento con respirar y entretenerme con vocablos no usados, con frases cuya comprensión requiere del entendimiento. Las conquistas, el expansionismo, todo sometimiento son tendencias que se anulan en mi interior, carentes de una visión global del dinámico universo. ¿Qué tiempos aquellos, qué noches esclarecedoras?

A ti, Momo (dios de la risa y de la burla, hijo del Sueño y de la Noche. Fue expulsado del Olimpo por la causticidad de sus sarcasmos), te encontré en un carnaval burlesco y, desde ese momento, te pegaste a mí. El Sueño y la Noche, a menudo no saben con qué barajas están jugando. En cuanto a mí, ¿no sientes los rarísimos brotes de mi entendimiento, no oyes un extraño concierto de violines y piano? La fantasía vuela por nuestras estancias, desplegando sus sutiles alas, atrayéndonos a su vasto compás. Deseo hacer un viaje al más allá, pues el acá ya no me seduce. Espíritu, materia y vida... ¿qué significan cuando todo se hunde bajo una sonoridad infernal? Más que el triunfo de los rayos cósmicos, anhelo largas uñas que liberen al hombre de su mediocridad. ¡Son los mares, la fuerza de los remeros, ese hender las olas con el remo! La visión de la mar no roma sino encrespada, acrece mi espíritu. Esos peleles que mantean en las carnestolendas se hallan fuera de mi visión, de mis anhelos, y su misma estampa es aborrecible al mantener cierta analogía con el guiñapo.

Quienes convivieron con los dioses paganos y contribuyeron a un modo de ver las cosas, han de revelar luz sobre muchos asuntos mundanos. Lo sé. Yo no soy mago, ni obro maravillas. Detesto las expresiones prosaicas, los mitos que, apartado su velo, no aluden a una realidad precisa; la alianza entre mito y poesía (expresión no vulgar) ha sido para los clásicos sendero irrenunciable. Siempre tuve una mención elogiosa para la epopeya, visión de un mundo preliminar de ornato y verdad. No puedo presentar mi panorama, pero si sigues mis predicados, las palabras altivas que voy a proferir, te infundiré una idea y quizá una imagen visual de lo que pretendo.

¿Recuerdas al sabio gentil, creador de la Eneida? Nosotros suscitaremos un poema semejante a su poema épico-histórico, pleno de versos que, después de Homero, dictaron un panorama universal. Con análogos episodios y una percepción próxima a nuestro orden de vida actual, a nuestra azarosa modernidad, recrearemos un mundo nuevo, surgido de las ascuas del viejo. Habrás de sentir conmigo la raíz verdadera de la vida y de la muerte, tendrás que completar mis logros con tu personal aportación. Nuestros seres podrán cobrar ánimo (izar sus velas), gracias a una potencia de evocación casi alucinadora. Nada quedará atrás de nuestro viento arrollador, que ilustra, disputa y desbarata con su poderosa fuerza verbal. La incontinencia verbal está prohibida, desde este instante. El que canta el misterio, excede de lo ordinario. Las sólidas columnas de un templo marmóreo nos amparan. El heroísmo de nuestros protagonistas ya empieza a resplandecer. Así como tú, excelso poeta, que modulaste poesía bucólica, y tuviste la necesidad de tratar el ejercicio de las armas, la valentía y, a veces, la temeridad de un héroe que sale de las ruinas de Troya y funda, andando el tiempo, nuevas ciudades; yo tengo el atrevimiento de huir de la actualidad que me oprime e intentar renacer más allá, bajo una nueva visión de la *existencia humana, despertando atributos antes menoscabados. El motivo se hallaría en la sección: necesidad de medio, o dicho de otro modo: han trastocado la realidad conocida y no lo puedo soportar. Todo se reduce a marchar o morir. El tiempo dirá si cumplí mi objetivo, o si el reto era tan desmedido que ningún humano lo podría llevar a cabo con resolución.*

(a1)

Yo soy aquel que, huyendo del confusionismo y de la mediocridad y atenazado por tenaces discursos (amplificados por retumbantes altavoces), zarpó un día con un grupo de paisanos hacia un horizonte novedoso, aunque incierto. Ya en alta mar, vientos furibundos y una terrible tempestad azotó nuestra nave, batida poco después por gigantescas olas. Arrostramos riesgos inmerecidos; y ni siquiera los dioses abrazaron nuestro destino mítico, todas las dimensiones de la existencia humana. En busca de una salvación de la prosaica realidad, decidimos rehacer nuestro desértico verbo, lejos de la desnaturalización, de la impostura, de la faz que se mira a sí misma revelando una altivez extrema. Un mar encrespado por furiosas olas que representaban ese mundo dolorido del que nos alejábamos temporalmente, nos infundía temor.

Son olas nacidas de un mar más que proceloso, que se alza desafiando los límites del firmamento. Espuma que abrillanta la creencia de que toda vida provino del mar (según el sabio Anaximandro), que entre la tierra y los torbellinos del cielo, nada hay más penoso que la caída en el abismo, que el hundimiento inexcusable de la razón. Por fin, el velero navega con más contención, los desafíos de la batiente mar aún no lo han atemorizado; la tripulación resiste animosa, se esfuerza, se sacude el agua procedente de cumbres invisibles, y esas hostiles olas todavía no han causado mella en la tripulación. ¡Bravo! Es el verbo literario quien recupera aquellos sublimes versos, borrados sin miramiento, y por los que se consumía el alma. ¡Todos nosotros vamos hacia un mundo mejor, más equitativo, más solidario, en el que lo material será valorado por lo espiritual! ¿Qué hombre, tras percibir el sordo estruendo del oleaje, no se yergue y mira al cielo redoblando su valor, y ese ardor que le mueve a buscar refugio en otras tierras, no desalentadas por la barbarie, por la inhumanidad, por vínculos que separan al hombre de su verdadera naturaleza?

Mi pasión naciente, ya comienza a fundar poblados donde la gracia y la sensibilidad sostendrán su férreo humanismo. Ni clanes, ni sectas, ni facciones erigirán sus edículos, porque no existirán tales irracionales agrupaciones, que dividen, que separan, que limitan el vasto discurrir humano con sus nefastas parcialidades. La vida pública no se regirá por el mero negocio; otras formas habrá de sostener la vida en libertad, igualdad y justicia. Mas no queremos una tribu aislada con una cultura estacionaria. Deseamos mantener el nivel de nuestra civilización progresista, en la medida *que podamos. Sé que tal será imposible durante algún tiempo, pero la intelección de esos conocimientos los llevamos con nosotros. Si mis palabras enardecen, si deslumbran por su claridad, es que los vientos y la tempestad se alían con nuestro verbo, se someten a nuestro modelo y brindan con nosotros por un futuro pleno de pureza y candor. Sólo damos la bienvenida al hombre, despojado de ortodoxias. La tempestad comienza a ceder.*

-¡Una isla a babor! -grita el vigía situado en la cofa.

-¡Mirad el sonrosado cardumen! -exclamó otro tripulante.

La nave, deslizándose por grisáceos lomos de agua, pone rumbo hacia la isla avistada por el vigía. Isla misteriosa será. Nuestro espíritu se calma, el anterior fuego de la elocuencia se transforma en molicie, un soplo de sosiego cunde por toda la nave, elevando la notoriedad de sus tripulantes. La recuperación de la dignidad humana está por encima de todo, y el triunfo de su condición es inapelable. De los sistemas político-sociales, así como del **"género chico"** [1] *hablaremos en otros momentos, si es necesario.*

-Comoquiera que la vida es un viaje de la cuna a la tumba, también apuntaremos el porqué de la momificación, es decir: de la acción de desecar y conservar el cadáver sin que entre en putrefacción -me apuntó Momo.

Tiendo la mirada al horizonte y ya veo la isla anunciada. Es tal la placidez que produce semejante visión que me olvido de toda contingencia. Veloz

---

[1]   Modalidad teatral que tuvo se relevancia en cierto período histórico español.

navega la nave, y ya deseo fondear en una ensenada, o frente a alguna de sus límpidas playas. Hemos dejado atrás el gobierno corrupto, las falsas interpretaciones del bien común, los clanes que dividen y angustian. Ahora nos toca levantar edificios funcionales, engrandecer la visión del hombre, antes rastrera. Cerros y lomas ahuyentarán viejos sermones, así como lecturas y escrituras que separan al hombre de su verdadera naturaleza. No basta con poseer un alfabeto, es indispensable una vertiente espiritual en todo lo que afecta a la sociedad humana. Ya veo que es montuosa esta isla: diviso níveas crestas. Evitaremos que entren en nuestro suelo perturbaciones psíquicas, influencias que corrompan, que deterioren la visión iluminadora que debe presidir nuestro orden. Brillantez e igualitarismo, justicia y solidaridad son pilares que jamás debemos abandonar. Lo mediocre, el bodrio y la falsía no tiene cabida en el mundo cultural que debemos levantar. Logos y Realidad serán sustancia adunada, miel del océano agitado por el azar y los cataclismos. En cuanto a la doctrina antropológica que afirma la unidad específica de todos los hombres, es decir, que todos ellos pertenecen a una sola y única especie, jamás será puesta en duda. Como símbolo de ello, levantaremos un monolito en el que inscribiremos semejante pensamiento.

Los vientos han amainado, la tempestad recula. Nos abrimos paso a una tierra que será grano de fertilidad, de fecundidad completa. El amor y la esperanza nos afianzarán en este nuevo terruño y seremos escudriñadores de los cielos. Nos hemos alejado de la guerra, prisionera del espíritu humano, y daremos nuestra sangre para el disfrute de la luz, de los hondos conocimientos, de las ansias de saber que se aleja de la falsía, de lo anodino, de lo zafio. Nuestros vástagos romperán viejas ataduras y desplegarán sus velas hacia la inmensidad clara y escrupulosa, trazando un camino de verdad, de sensibilidad serenamente distante de la vieja turba vocinglera. El soplo de la brisa y el sueño alado nos transportarán al corazón de lo que anhelamos.

Hemos fondeado en una preciosa ensenada. La tripulación (que es una parte del pasaje experta en náutica), utilizando los seis botes que porta la embarcación (tres a cada banda) ha llevado a la orilla al resto del pasaje; luego, la piara de cerdos, el pequeño rebaño de cabras y ovejas; gallos, gallinas y pollos, los víveres, cachivaches, aparatos, herramientas de diversos oficios y todo tipo de embalajes. En tiendas de campaña y dentro de sacos de dormir, hemos de pasar muchos días. El agua potable y la electricidad habrán de esperar. Nuestros bienes, el estado de nuestro patrimonio no es comparable al estado de nuestras almas. Somos, en total, ochenta y nueve personas, trece de las cuales son niños.

(a2)

-Sin ortodoxias, sin dogmas, sin religión, tan solo con mi espiritualidad y condición humana beso tu suelo.

-¿Quién es esa dama, Momo, que arrodillándose ha besado el suelo, tras proferir tan hermosas palabras?

-Es la señora Sonia, un pilar de espiritualidad laica.

Ya es medianoche y aún veo hornillos encendidos y pequeños fuegos controlados, encendidos para calentar la comida. Momo se ha sentado sobre unas piedras, o orillas del mar. Está meditando acerca del verdadero sentido del robo de Prometeo [2], del porqué todos los dioses habitan lugares donde al hombre le es imposible acceder: la cima del monte Olimpo, el cielo empíreo (región luciente)... Le he comentado que todos los dioses rechazan categóricamente el endiosamiento humano. Para ellos es ponerse a su altura, cosa que provoca sus iras. Aunque no existan los dioses, el endiosamiento humano es vituperable; no así las ansias de un progreso moderado por la espiritualidad. Mañana, al amanecer, un grupo inspeccionará el interior de la isla, a la que aún no le hemos puesto nombre; y dos botes salvavidas explorarán el litoral, cada uno en un sentido. Hasta ahora, todo ha sucedido según lo dispuesto, sin contratiempos que no hayamos podido superar.

---

[2] Uno de los titanes, hijo del titán Yapeto y de Climena, hermano de Atlas, y padre de Deucalión. Robó el fuego del Cielo para animar al hombre de barro por él formado, y Júpiter, para castigarlo, hizo que Vulcano lo encadenase a una roca del Cáucaso, donde un buitre le devoraba el hígado, que se reproducía siempre. Al cabo de treinta años, Hércules le libró de tal suplicio.

La cálida luz de luna y sus visos en la mar, me devuelven un mundo sereno, un mundo radiante, donde solamente importa la felicidad del hombre acá en la tierra. Es tanto el fervor de nuestra población, que no se amedrenta por nada, que no siente ningún miedo, desasosiego o inquietud razonable. Se ha abierto una brecha que va más allá del sentir, que rebasa las fronteras con que antes se vislumbraban los trabajos y los días. Las necesidades humanas se pueden ahora sobrellevar, el alivio cunde por doquier. Yo mismo, reflexionando acerca de lo que nos queda por hacer (que es todo), no siento indisposición ni temor alguno. Hemos de cumplir un empeño aceptado por todos, y en tal empeño no hay lugar para la lenidad o el desasosiego. Es una razón que luce continuamente ante nuestros ojos. La inspiración y la improvisación forman parte, también, de este anhelo, cuando son aceptadas.

La vida humana, vivida libre y justamente, es tan valiosa que nada en el orbe debe deteriorarla; los intereses, el partidismo, los clanes, la impostura, los privilegios... nada de esto debe importunarla. Ahora que tiendo la mirada al horizonte y observo la luz de luna, siento que los posibles paraísos deben estar irremediablemente a la otra orilla de la pugna, de la lucha, del encarnizamiento.

Esta noche me siento hijo del universo, del progreso material e intelectual (de excelencia espiritual), y no presiento fronteras en el despliegue social que nos puedan desunir. Mi interrogación sobre la esencia del ser humano es *continua, jamás la dejo de lado, porque en ella se basa el fundamento de nuestro escape. La virtud debe presidir siempre nuestra honorabilidad; no hay conciertos que puedan empobrecer nuestro lenguaje, la profundidad de nuestra mirada, la visión unificadora. Pondremos especial empeño en la educación, en la pedagogía juvenil, dándoles plena libertad y mostrándoles claramente ambos senderos: el del bien y el del mal.*

Hay, entre nosotros, gente de varios oficios: carniceros, albañiles, enfermeras, profesores, forjadores, labriegos, alfareros... Nada debe impedirnos progresar, manteniendo el predominio espiritual. Sin este pensamiento, no estaríamos aquí; nada de esto se hubiera llevado a cabo. Sé que nuestras reservas de petroleo, de alcohol, de agua oxigenada, de gasas y tiritas, de medicamentos, es decir: de material de dispensario, son escasas. Las sierras mecánicas serán necesarias para el talado de árboles y levantamiento de casitas de madera (en común acuerdo, hemos decidido que sean casitas en vez de cabañas). En fin: ¡nos queda tanto quehacer!

(a3)

Realizada parte de la exploración interior y costera de la isla, resulta que su mitad norte es montuosa y escarpada, mientras que su mitad sur es boscosa (hay álamos, encinas -ricas en bellotas de las que se alimentarán los cerdos- y coníferas), con cañaverales de gruesas cañas en húmedas rieras cerca de la costa, y terminando en un llano, próximo a la playa, en el que hemos efectuado el asentamiento. De la zona escarpada desciende, por su vertiente este, un río de origen nival, del que habrá que conducir el agua potable hasta el asentamiento, mediante un viaducto provisional. Hemos pensado en emplear las cañas como tubos de madera para transportar el agua desde un punto elevado del río. Dos alfareros están fabricando tres grandes tinajas para contener el agua potable, bien recogida del agua pluvial, o de la que irán trayendo tres botes salvavidas, cargados con bidones, desde la desembocadura del río. Debido a que no tenemos bestias de carga, el acarreo de troncos desde el bosque se nos hace penoso. Se están construyendo tres letrinas con rapidez, y buscando dónde puede haber cal para la fabricación de mortero; agua y arena ya tenemos; cañas y barro, también. Para construcciones más sólidas y cerradas, quizá será necesario fabricar ladrillos de barro y utilizar la piedra caliza y arenisca (previamente labradas), para una fragua y una tahona, en el mismo recinto, por ejemplo. Un molino será necesario para moler los granos de maíz y trigo. Se han construido rediles para cerdos, ovejas y cabras. La leche de ovejas y cabras alimentará a los niños. Todavía nos quedan víveres; sin embargo, los expertos en pesca ya están pescando con gran regocijo. Varios labriegos han preparado un vasto terreno a utilizar como huerta (han preparado una buena cama de siembra); sembrarán semillas de hortalizas y legumbres, en el momento conveniente, y plantarán pequeños árboles frutales, ayudados con un poco de fertilizantes, todo ello traído desde el origen. También arreglan una extensión cultivada para plántulas de olivo. Cerca del huerto, preparan una plantación para el cultivo de trigo, cebada (para la fabricación de cerveza; del lúpulo ya veremos si hay en la isla) y de maíz, en una parte extensa, y en otra, más pequeña, lino y algodón. Sin pausa, ya están ideando donde situar la plantación de arroz (sin duda será en un terreno muy húmedo). Asimismo, se instalarán colmenas, de cuyos panales se aprovechará la miel y la cera (necesaria ésta para la fabricación de velas y la cabeza de las cerillas. El fósforo y el clorato potásico ya veremos de dónde puede extraerse). Los tendederos públicos ya están instalados; está aún pendiente la construcción de baños públicos, aseos y piscinas. Un día, quizá no lejano, el agua potable entrará en las casitas, las cuales tendrán aseo y cuarto de baño; y en cuanto a disponer de electricidad (ese gran invento), habrá que esperar. No obstante, sabemos que el futuro está en nuestras manos. Todos nosotros seguimos diciendo: "**Nuestro mundo y yo estamos de acuerdo**". No hay dedicación a la que nos entreguemos sin fervor, sin esa pasión que nos desborda. Nuestras tentativas siempre alcanzan un buen fin.

Todavía desconocemos el clima de esta isla. El verano llega a su final y necesitaremos vivienda y calor de lar. Con que hemos traído muchos libros, la lectura está asegurada. Dos de ellos considero excepcionales: la

Gramática de la Lengua y el Diccionario Enciclopédico Universal. Por cierto: a la isla le hemos puesto el nombre de Felicidad; al río, el de Cristal, a nuestra colonia, el de Colonia Serenidad, y al mar que rodea la isla, el de Jono. De un futuro cementerio, no quiero ni pensar.

Aquí, en esta narración, no verás el mar rebosante de naves y el fulgor de horrendas teas; el guerrear ha quedado en un umbral ilusorio, y la puerta por donde se adentra uno en la muerte ha permanecido completamente desdibujada. Mis héroes lo son por el esfuerzo de sus manos, por el humanismo de su motivación, por un fin que se aleja de la negrura de la noche. Las hazañas, las proezas, la temeridad... solamente se han puesto al servicio de un orden espiritual. La elevada expresión virgiliana no tiene sentido en un mundo sin héroes guerreros, sin luchas intestinas, sin batallas que busquen un bando vencedor. Virtud y mérito, sí, pero sin armas, sin bocas vocingleras, sin malignas pasiones, sin hechos que ensombrezcan el humano amor. No se cobrarán botines, ni retumbará el cielo de dolor, ni los ayes asomarán entre las sombras. Lo sagrado ha regresado a sus aguas de placidez sin importunar al humano discurrir, al sentir cotidiano que flota en un ambiente benigno, atraído por la gracia sin par de la belleza, del orden espiritual. Nadie ha de vagar entre bosques y peñas, ni celebrar victorias que nos despojen, al final, de una muerte serena, de una serenidad radiante.

Si alguien aguza sus dardos contra mí, que sean dardos verbales, picantes o corrosivos, pero dardos que liberen el alma de toda congoja, injusticia, ilibertad. A lo largo de la tierra, nada tiene más derecho a la vida que el amor; el amor como baluarte, el amor que nos trae revitalizadas aquellas escenas o hechos olvidados, aquellas palabras sublimes, aquel recuerdo funesto que jamás debiera olvidarse. Si algo pueden mis versos, que sea el dar amor al enemigo, el ofrecerle un rayo de luz bajo un cielo que no pugna por alcanzar ningún poder. No hay muros entre mi amor y tu odio, sólo distancia, una distancia que no es insalvable. ¡Aleja tu espada de mi tea encendida, pues no busco el combate, ni la sinrazón de los urdidores de falacias! Estamos bajo la misma bóveda, bajo los mismos arcanos, bajo el mismo dinamismo universal que late sin esperar raptos o lágrimas de nosotros. ¡Ay ciudades, cuyas ramas penden de la arbitrariedad, de la pugna religiosa, de la exclusiva y monstruosa materialidad!

No se han de fomentar revoluciones, sino glorificaciones. La especie humana necesita la esperanza, el amor, la cristalina mirada iluminada por un levantado espíritu. Ni espadas, ni tridentes, ni el hundirse en llamas nos hace hijos de un cielo que fue vivificador. El sentido patrio, será al final, un estorbo para el perfecto desarrollo de la Humanidad. La Gran Aldea será el espejo donde nos miraremos todos. El voraz torbellino de la guerra lo sepulta todo; por eso nosotros decimos: ¡Adiós a la guerra! Alzo los ojos al cielo y sólo veo serena frondosidad, quehacer que mantiene dinámico el discurrir astral. A quien se emociona con el odio o la muerte de sus semejantes...¿qué canto poético, qué fervor lo puede salvar?

(a4)

Ha transcurrido un mes y nuestro ímpetu no desfallece. La señora Lidia ha tenido un bebé y la ha asistido la señora Adela, como partera.

-Momo, ¿qué te parece nuestro avance?

-Necesario, exitoso. Cuando me expulsaron del Olimpo, tuve que hacer frente a una realidad humana, tan dispar como cabe concebir. Y me abrí paso con mi impulso y mi carácter. Nada se acomete con distracción. Todavía necesitamos construir un Parlamento, una Biblioteca y una Escuela. Nuestra aldea (por ahora es una aldea), se hará más grande y nuestro pueblo necesitará tales edificaciones.

Momo, como siempre, pese a su mordacidad, tiene razón. Yo he puesto todo mi empeño en impartir una educación libre, laica, espiritual; una educación que ignore fronteras, mas que no se desvíe del bien. Pero todos sabemos que el alma humana sufre morbosas tempestades y que, en algunos casos, se tuerce del verdadero cauce, presentándonos personas sin virtud, sin esperanza, sin regocijo. Lo sé. El pedagogo y la paidología deben mantener estrecha intimidad. Estos son tiempos de hondo nihilismo, en que las personas dudan de aquellas que ostentan poder e, incluso, autoridad. Son tiempos de "pasatiempo", que junto a lo profano, surge una moralidad veleidosa. En la evolución vital se halla, inexorablemente, la espiritual.

Frecuentemente les inculco a los niños que el teatro es un instrumento de comunicación vital, que es necesario el desarrollo verbal y gestual, que el hombre, en sociedad, necesita de la exploración teatral. "Habéis de poner vuestro ingenio en la consecución de un arte popular", les digo. Un arte popular que enriquezca y deje de lado espectáculos desnaturalizados, monstruosos o salvajes. Lo espiritual debe iluminar todos nuestros actos. Un brillante comportamiento es digno de mérito. Una buena educación artística se hace necesaria para elevarnos por sobre lo anodino.

Antes de la salida del sol me he despertado y he visto los sonrosados dedos de la aurora boreal. Todo mi ser se ha iluminado ante semejante meteoro luminoso; podría decir que he renacido: se me han henchido mis entrañas. Al verla he sentido un impulso extraordinario, un candor envuelto en profunda espiritualidad. Yo no sé por qué el canto rodado no me provoca lo mismo. Sin embargo, tanto el canto rodado como la aurora son necesarios en nuestro universo.

En el centro de la guerra, en los horrendos combates, en el tremendo encarnizamiento aún hay lugar para la bondad, para la piedad con los heridos, con los guerreros destinados a morir. Ahí surge la diosa Morrigan ('Morrigu'/'Morrigain'), sanadora de heridas, dulcificadora de la faz que se *retuerce de dolor, dadora de cariciosas alabanzas. No obstante, la guerra es un mal sin rostro, un mal que descompone brutalmente nuestro orden humano, un gigantesco azote de lo espiritual. Nada hay peor que la guerra interesada, que la guerra con sentido de expansión, que la guerra satisfecha con su odio y horror. En la guerra, los rostros se descomponen, el sentido de la vida vibra en un instante mortuorio; el encuentro del hombre es un verdadero desencuentro, la ruina y muerte de la sensibilidad amorosa, del bien natural.*

Decía que la aurora boreal me transforma en un ser más etéreo, más vinculado al discurrir universal, más atento con el quehacer artístico y literario que no pasa de soslayo o superficialmente por la vida. Los discursos vacíos de contenido son rechazados por mi espíritu; el prurito de habla debe partir del núcleo, de la raíz, del momento prístino. Existe una afinidad entre el universo y yo, y es precisamente el dinamismo, esa causa impulsiva, que determina la voluntad, una voluntad siempre regida por el bien. El amor universal y la defensa del pacifismo (mohísmo) son principio fundamental de nuestra colonia.

En estos momentos de sosiego, observo lo realizado y lo mucho que queda por llevar a cabo; me siento individuo sujeto a una estructura espiritual, que brota por entre los entresijos de la vida. No hay desempeño que no se sustente en la arbórea universalidad; incluso el verbo zurce viejos poemas rotos que saludan la salud espiritual de la especie humana. *El verbo sí puede ser célebre, heroico, fascinador. La dignidad se versifica atendiendo a la gravedad de su realce. ¡Oh métodos pedagógicos, oh porfía iluminadora, oh memoria arrobadora!*

(a5)

Hoy es día de asueto. Momo y yo hemos tomado un bote salvavidas y hemos navegado por el litoral oeste hacia el norte, en busca de playas o parajes miríficos. A las dos horas de navegación hemos avistado una playa, con grandes escolleras, recalentada por los suaves rayos del sol. La visión de su blanca y menuda arena, en contraste con los enormes acantilados del interior, hizo que me desbordase de alegría, que gritara de consolación por haber descubierto un paraíso terrenal. La frondosa vegetación que la rodeaba -vi, a cierta distancia, moverse algo parecido a un jabalí- y aquella floración, desconocida por mí, me fascinaron. Varamos el bote salvavidas, y yo me senté a cierta distancia de donde morían las olas. Momo se subió a una roca.

Desde mi posición veía un hermoso panorama, a saber: la menuda arena seca, la mojada, la escollera -sobre la que se estrellaban impetuosas y espumosas olas- la mar glauca y un azulino cielo por el que progresaban blancas nubes. En cada roción podía distinguir las albas y saladas gotas que recreaban mi sensibilidad lúdica, transportándome a la infancia. En mis adentros, también batían poderosas olas, infundiendo tenacidad a mi existencia. Vi reptiles semejantes a lagartos moviéndose por la cercana frondosidad. El canto de extraños pájaros juguetones acrecentó mi interés por el paraje. Momo me miraba extrañado.

-No sé qué me sucede cuando me tumbo en una playa. Paréceme que la mar se reúne conmigo jugando su glorioso papel. Ahí está la variedad de colores, las finísimas trayectorias de las gotas de agua salpicadas, y un silencio que aflora de la mansedumbre de las aguas. Todo es visible, evidente, connatural, sin vacilación que pueda ocasionarme perplejidad. Yo y la mar, mis sueños y la mar, mi silencio y la mar, mis éxtasis y la mar.

-Estos, al contrario de aquellos, señor Bruno, son mares afines al hombre; aquellos tan procelosos, causaban la zozobra de las naves, y no había quejido o lamento que los pudiera atemperar. Aquellos dioses paganos y los infortunados hados no eran convenientes al antojadizo soplo de los céfiros. La nave que zarpaba tenía que afrontar innumerables lances.

Sí, dicen que en invisible libro está todo escrito. Pero la existencia me revela día tras día que el hombre no tiene fronteras, que su imaginación despliega alas inconcebibles, que su inspiración ignora límites y fronteras, que nada en el universo puede oscilar tanto entre la vida y la muerte en vida. Aquí estoy, en este maravilloso lugar recoleto que alimenta mi espíritu, que me conmueve con su movimiento, con su vibración.

En ese lugar paradisíaco estuvimos un buen rato, luego decidimos aventurarnos un trecho más de costa para, quizá, ver otro rincón de extraordinaria hermosura. Por fin, a mediodía, llegamos a una ensenada espectacular donde los abetos, próximos a la orilla del mar, apenas dejaban ver un blanco roquedal de pulidas piedras y blancura inusual. La flora era variadísima. Algún farallón disperso, nos daba la bienvenida, como si fuésemos héroes que regresan del final de una guerra encarnizada. Pero las guerras eran cosa del pasado, de un pasado reciente y remoto, pero lejano a nuestro sentir. La Colonia Serenidad anhelaba ser héroe de la espiritualidad, héroes sin armas, sin odio, sin poder: sólo servidores de un hombre que renace de sus viejas cenizas para levantarse con sus verdaderos atributos, lejos de cualquier desvío hacia el mal.

Varamos el bote salvavidas, y en aquella blanca arena me tumbé, mirando hacia lo escarpado. No sé si el sol revolucionaba alrededor de nosotros, o a la inversa. Pero el aire, los efluvios procedentes de mar y tierra, o de su trabazón, ensancharon mis pulmones y espíritu, me sentí verdadero ser del universo, ajeno a imperios y conquistas. Hay, ciertamente, un momento en la vida en que uno huye del concepto de mortandad originada por enfermedades, cataclismos o guerras. A la mortandad causada por enfermedades, uno se enfrenta alocadamente, dispuesto a erradicarlas. Mas el concepto de guerra es abominable; las guerras humanas son fruto de *hombres salvajes e inmaduros, o que buscan un interés o beneficio malévolos.*

Tumbado en la blanca arena, no me siento vencido en sangrienta batalla, ni héroe vencedor. Un héroe que aniquila a su semejante, simplemente por expansionismo o interés, no es para nosotros, seres que profesan la espiritualidad, un verdadero héroe. Esa acepción ha quedado anticuada, en nuestra gramática. Sólo la defensa de un territorio tiene sentido, jamás la invasión de otro territorio. Por cierto, gracias a que disponemos de una alegría espiritual (extraña a otros que no la poseen), no admitimos el posicionamiento de estricta neutralidad. La memoria de la Humanidad, hasta hoy, no puede ser otra que muerte y desolación. Pero aquí, observando alguna que otra tortuga marina que saca su cabeza por encima del agua, respondo a la llamada de la Naturaleza con versos o cantos bucólicos, con una alegría que se transmite a mi alrededor.

En la espesura del bosque sonarán trompetas de paz. No hay hombre que no rinda culto a lo bello, que deje explayar su espíritu por riberas inusitadas. Sensualidad y ética frente al pesimismo que se instala en la sociedad apocando al hombre. Nacidos de la lluvia -sin la lluvia no hubiéramos sido- y soplando el viento a nuestro alrededor, hemos de dar alcance a la llama espiritual, en esa cabalgada que marcha a la par con el pensamiento. Lo silvestre ayudándonos a entender nuestra fusión con la Natura, pero alejándonos de toda depredación. Es la flora, y no la fauna, quien se eleva al cielo, hermanándose con la arquitectura universal. Si somos hijos del amor... ¿qué sentido tiene el continuo guerrear entre unos y otros?

Oigo la flauta pastoril, y contemplo las ninfas de cabellera suelta, bañándose en el río que cruza el bosque. Y siento la Natura como maternidad, como apacible expresión de una vida sin mácula. Ya las hamadríades (ninfas de los árboles) me observan recelosas, por si talo o causo alguna herida al árbol que habitan. Pero no agito ninguna hacha de filo convexo, ni en mi mente se alberga ningún sentimiento de violencia, solamente de templanza. No quiero ser sombra de lo que dicta mi naturaleza: sólo la desnuda explicación de la realidad (sin dogmas, sin hábitos, sin imposturas) me interesa.

Entre el universo y yo sólo preciso de las alas, alas que me transportan al origen del ser y de la vida, de la materia y de la representación inmaterial. Son mis alas tenues quienes me llevan de lo mineral a lo espiritual, de lo meramente cósico a lo incorpóreo y anímico. Así siento la heroicidad, las hazañas y virtudes del hombre sobre la Tierra y fuera de ella. "A muerte o a vida", solamente en defensa del territorio, si ello es posible; de lo contrario, el escape es la salvación, para poder alzar un nuevo futuro alejado de la cultura de la violencia. Ya sabemos que morimos, primero, en nuestros adentros.

Sé que no poseemos materiales, ni herramientas, ni maquinaria que se emplea actualmente en la construcción. No tenemos energía eléctrica ni aparatos que funcionen con ella, lo sé. Mas tampoco deseamos que esta colonia sea una imagen de las ciudades conocidas; queremos un espacio habitable de acuerdo con nuestros sueños, con nuestra consideración de un existir complaciente. No nos importará que en vez de zapatos de piel calcemos zuecos; eso no nos importará. Ni que la vela o antorcha sustituya, por un tiempo, a la cálida bombilla. Más adelante, seguramente mantendremos un trueque con civilizaciones próximas no belicosas.

Nos ha venido de súbito un problema no presentado, a saber: entre nosotros no hay ninguno que haya sido zapatero y se requieren zapatos. He decidido dejar un poco de lado las notas íntimas sobre Colonia Serenidad y ayudar a un miembro de la comunidad que había sido carnicero (trajo los instrumentos usados en la carnicería). Entiende algo de cómo se hace el calzado. Con tanto esfuerzo campero, los zapatos se estropean con facilidad. No obstante, el problema es el material con el que hacerlos. Son materiales: el cuero, la piel, la madera, el yute, el corcho, las mallas, el mimbre, el esparto...), aunque suelen hacerse, los más accesibles, de piel, fieltro, paño u otros tejidos. Arte noble el de la zapatería. Estamos en ello.

Hoy les he inculcado a los niños la facultad de discurrir, considerando la razón como potencia crítica, no especulativa. Han atendido más de lo imaginable. Su capacidad de fantasía, de visiones en torno a la realidad es formidable. Un ideal es modelo fácil de asimilar por ellos. La reflexión, les digo, es necesaria para anular el poder de la mentira. Les he planteado la redacción siguiente: "Érase una vez una ínsula". Espero que alguno de ellos apunte la posibilidad de un mundo considerado como desarrollo del espíritu. Eso me haría feliz porque Colonia Serenidad se merece mentes despejadas, abiertas, de insobornable intuición.

(a6)

Cierto, aquí no caben reflexiones militares. Nuestro mundo ha de ser una gran voluntad que se forja su propia existencia. La fuerza bruta, el poder de las armas, la mentira, la hipocresía, el servilismo, todo ello debe excluirse de nuestro entorno. Sé que la enseñanza musical es conveniente, mas no tenemos a nadie con suficientes conocimientos musicales. Se hace lo que se puede. ¡Nos hacen falta tantas cosas! A menudo pienso que si alguno de nosotros requiriese una operación quirúrgica... Aquí no hay cirujanos, ni nadie que posea principios de cirugía, ni herramientas para tales intervenciones.

Sé que la realidad también es mítica, aunque acá no tengamos ningún oráculo moderno. Por cierto, entre el Cielo y el Infierno de nuestros tiempos: ¿cómo sería tal oráculo, qué rigidez o expresividad tendría? No deseo **'conciencias en sombra'** *en nuestra colonia. Hay que mirar por los niños,* *despejarles un cielo brumoso, acercarles la serenidad de los clásicos grecolatinos. Aunque vistamos atavíos de paja, hemos de ser dulces al trato, y enamorarnos de las bellas palabras, de las sonoras y dulces, de esas palabras afines a la salud espiritual. Un niño es el tierno brote de un árbol que se eleva hasta el firmamento; su grandeza será solamente la de su espíritu, la de su penetración en las múltiples realidades de nuestra existencia, tanto interiores como exteriores. Procuro que la vanidad no se aloje en ellos; es una representación tan detestable... Frecuentemente, cuando ven mariposas mientras participamos en la lección, les digo: "Las mariposas son almas. Meditación" ¡Y comprenden! Están más abiertos que los adultos a todo lo que tiene que ver con la intelección. Si se me ocurre gritar: "¡Hay que matar!", la confusión los embarga. "Era una broma", les añado a continuación. No, no quieren bromas, ni claroscuros que susciten equívocos. Estos niños, fieles a una ventana abierta al universo, guardan en sus pechos la luz natural, la serenidad que se difunde radiante, el amor a una vida apacible.*

"Sabed -argumentó Momo- que las ciudades antiguas, aquellas ciudades que dieron a la posteridad grandes hombres, estaban amuralladas (fortificaciones construidas con piedras labradas); la muralla era para ellos signo de seguridad. Nosotros no las queremos, aunque, en estos tiempos de fácil guerrear, con los misiles de nada servirían".

Sigamos en paz, con esa serenidad radiante que he apuntado antes. Sólo una lucha es necesario plantear ante vosotros, a saber: la lucha por la cultura. Las comodidades de una vida fácil no es lo más conveniente al ser humano. La cultura, las humanidades (la filosofía, la literatura, el arte, la ciencia) son suficiente razón de progreso. Acá tenemos libros, enciclopedias que ilustran, recogiendo los conocimientos hasta hoy. Pensad que es más difícil componer correctamente una estrofa que empuñar una espada. Incluso el dibujo y la pintura abren percepciones que, sin ellas, nunca valoraríamos. No vale decir que antes, en aquellas ciudades en guerra, lo teníais casi todo; eso no vale. Ahora podemos proponer lo que queremos verdaderamente. Desecharemos lo inservible, todo lo burdamente tenebroso, lo huero, lo mediocre, lo que estorba al verdadero discurrir imaginativo. Las heridas deben cicatrizarse en el tiempo. Y nuestra herida cura fácilmente, mientras progresamos a pasos agigantados en este territorio que nos sorprende con su vastedad, que nos produce una sugestión hipnótica, a medida que lo exploramos.

Vosotros, mozalbetes, tenéis una ventana abierta al firmamento. Por esa ventana observaréis la silueta de espectros, con un lenguaje inmundo, y de otros seres que con apostura, sujetan los hilos de un sueño hecho realidad. Ved como va adquiriendo forma nuestra colonia, como paulatinamente va mostrando un rostro y, con el tiempo, presentará la faz que nosotros anhelamos. Ella, la colonia, ya está impregnada de nuestro espíritu, contempla el firmamento con la cabeza erguida, su mirada también está llena de amor. Vedla resplandecer de noche, como dándole la enhorabuena a las lucientes estrellas, esas antorchas del firmamento que risueñas fijan su atención en nuestro movimiento, en nuestra lucha por levantar un hogar, en el misterio de nuestra naturaleza siempre abierta a la vida. Yo no soy nada, sin vuestra atención. Los hilos hacen de mí solamente en soplo deseado, un soplo necesario a vuestra salud espiritual, un soplo que os abra senderos de concordia, de moderación, de amor a la serena belleza y de revulsivo contra los abominables vicios y el fanatismo religioso que dejamos atrás. Vedme aquí sin remordimientos, levantando la mirada al sol que ilumina mi figura, sin ningún desconsuelo por haber cruzado un mar que me trajo hasta esta ínsula remota. Este ha sido nuestro mayor logro. Sólo agregaré que no deseo que nos topemos con sujetos de carácter salvajemente pirático. Si hemos abandonado el mal, no deseamos caer en otro.

En nuestra ya querida Colonia Serenidad, nadie lanza gritos desgarradores, ni existe un fanatismo religioso que conduzca a la belicosidad. Somos seres pacíficos que florecemos (que nos desarrollamos) desafiando la nieve y la escarcha. ¿Estáis de acuerdo conmigo?

-¡Sí! -gritan los mozalbetes al unísono.

(a7)

-Señor Bruno: estamos aprendiendo muchos conocimientos, pero nos falta aquello que había en la ciudad: televisión, cine, parques temáticos, deportes, ordenadores, videojuegos, fotografía, fútbol, bicicletas... Incluso realizamos el ejercicio físico en aquel terreno irregular. Resulta, a mi parecer, una vida aburrida comparable con aquella.

-Tienes razón, Luisito; y añadiría la importancia allá del teléfono móvil. Éste, la Colonia Serenidad, es aún un mundo larvario, muy rudimentario, pero tan apetecido como aquél. Pensad que las tribus primitivas nada tienen que envidiar a las civilizaciones más científicas y tecnológicas: son civilización como éstas. Los pueblos antiguos, la antigua Grecia, por ejemplo, vivió con sus mitos, sin que la reflexión (la honda abstracción), la filosofía, la ciencia tuvieran cabida en ella, cosa que sucedió después. Todavía nos hallamos en un momento de alzar y organizar nuestra colonia. Ya hemos pensado donde situar un llano para poder practicar el ejercicio físico. Como no poseemos excavadoras ni apisonadoras, el esfuerzo a realizar será mayor. Estamos esperando que se construyan más casitas y, luego, allanaremos el terreno que hemos considerado para ello.

A diferencia de los griegos arcaicos, os diré que nosotros hemos venido aquí con el bagaje científico-tecnológico de estos tiempos. Otra cosa es que no estén a nuestra disposición la maquinaria, los centros o establecimientos científico-técnicos (hospitales, laboratorios...), los productos necesarios para un desarrollo sostenido. Tal diferencia, es muy importante, porque nosotros sabemos en qué punto de desarrollo está y hacia dónde se dirige el mundo contemporáneo que hemos conocido. En él abundaba la miseria, la inhumanidad y la carencia de espiritualidad laica, por poner unos ejemplos de índole negativa. Mientras no concibamos la sociedad como un organismo espiritual, estaremos perdidos. Por eso, a menudo, os hablo acerca del misterio que subyace en la realidad. Volviendo a la Grecia antigua, os diré que aquel pueblo abandonó el mito, al tiempo que concluyó que el mundo está tan mal hecho (catástrofes naturales y cambios drásticos que inciden en el medio habitado por el hombre) que no puede haber dioses causantes de él (un dios no puede causar mal).

Nosotros jamás usaremos la expresión: "¡Hay que matar!". Allá, en el mundo conocido que dejamos atrás, en el hombre hay un absoluto predominio del egoísmo, la desigualdad, la falsa dignidad y el privilegio. Abandonamos aquel paraíso de ilusos, zarpando un día de tempestad. Hemos dejado atrás máscaras, dobleces, sinsentidos. Mas concedednos tiempo para forjar la imagen de nuestra colonia. Por lo pronto, las nuestras son noches sin violencia, sin vidas rotas, sin calamidad ni desastre. Nos levantamos a nuestro ritmo, con más esfuerzo, desde luego, mas no estamos rodeados de la multitud insensata. En resumen: nuestra firmeza, nuestra entereza se halla en la visión espiritual de nuestro mundo, una visión que lo dota de orden. Todos *los lugares están en nuestro espíritu, todo el peso en los rasgos que nos caracterizan.*

Hemos compuesto ajedreces para que juguéis con ellos; y mis enseñanzas van más allá de la mera lección: pretendo que cada mes me presentéis un trabajo dedicado al cultivo de la poesía. El próximo trabajo que debéis entregarme, versará sobre las vicisitudes de la época; si es poemático, mejor. Os recalco que debéis atender a la esencia de las cosas, buscar asideros ante la confusión y el desconcierto; y si es un viaje, no ha de sobresalir la meta, sino el viaje en sí mismo, sus avatares. No estaría de más que rehuyeseis los falsos movimientos de ánimo. ¿Veis cómo avanzamos de manera perseverante? Aquí no hay celosías; mil tareas están por cumplir. La lección ha terminado.

(a8)

Esta mañana he observado a los niños jugar en la playa. La nave está fondeada y no sufre los embates del oleaje. Han jugado con una pelota de plástico. Esta isla es mágica, así la concibo yo; y también con un reino subácueo. La vida, lo siento con firmeza, vuelve a empezar, y trato de alejar la inspiración debida al sufrimiento trágico padecido. El infierno en la ciudad es ya cosa pasada. Nuestro drama íntimo es ahora renacer, representarnos de nuevo el mundo bajo un prisma nuevo, bajo una consideración nueva, bajo unos principios solidarios, perdurables...

espirituales. Aquí todas los amaneceres tienen su "chispa"; tratamos de darle relieve a todo acto, a toda presencia. Como bien dijo Heidegger: "El primer deber del hombre es descubrir el ser de las cosas". Hemos de hacerlo continuamente, pues según qué cosas, su ser es mudable.

Como decía, veo a los mozalbetes jugar al balón a orillas del mar y ello me transporta a mis años juveniles donde siempre se alababan los frutos de la tierra -el amor a la tierra- y se rechazaba toda feria de vanidad. Pero hace tiempo, en la ciudad, las cosas han cambiado; hay quien espera con ardor 'la noche de los justos' y que el género humano vuelva a verse en el espejo del mundo. El peso de la herencia es angustioso, sobre todo, en el remolino de la sociedad industrializada y "civilizada".

Los veo jugar y me siento, de sopetón, niño. Juego con ellos, le doy patadas al balón y me baño en esta mar espumosa, plena de voluptuosidad, de gran sueño, y ya la contemplo cual si fuese el libro de las maravillas. No sé por qué me vienen a la mente las estampas femeninas y de amor de Suzuki Harunobu, quizá porque, en mi discreta soledad de hombre solitario, espero el resurgir de la Dama del mar, cual Venus moderna del reino subácueo. Mas sé que los ángeles del Infierno pululan por doquier.

¡Jugad, niños, jugad! Pensad en la mar como poema contra los vicios del género humano. No somos seres derrotados, sino seres que han logrado escoger libremente su paraíso acá en la tierra. No permitáis que ninguno

corrompa el sentir unánime de nuestra colonia. Recibid tal misión con ojos benevolentes, sin veleidades que den al traste con el actual discurrir. El mundo es en todas partes suficientemente rígido, no permitáis que se torne pétreo. ¡Jugad y sentid la verdadera expresividad del vivir, del común empeño, de las olas que abren fronteras, horizontes, mundos de cielos cariciosos! La revuelta contra el imperio del materialismo, hace décadas que se inició más allá. Con el materialismo moría la noche y el día, y se tejía una abominable ribera de la vida, donde la pobreza era imagen veraz de un concierto desastroso.

No sé si serán capaces de aceptar nuestra insuficiencia; ellos han conocido el otro orden, la otra esfera. Tal vez para ellos sea un mundo incompleto, que deberán completar con su propia mitología (elevación de los seres por encima de lo cósico) y trazar un camino de base espiritual. Acá, en nuestra verdad comunal, cada cual puede creer íntimamente en lo que quiera, mas nuestra colonia es laica, de un espiritualismo laico. Juegan con la pelota y se bañan en estas aguas marinas que los acogen sin frialdad, acariciando su juventud y vitalidad. Creo que han comprendido que la salud pública no sólo se refiere a lo corporal, sino también a lo moral. Un orden inmoral o amoral no puede progresar, pues no puede apreciar el mérito o demérito de sus miembros ni de sus presupuestos éticos y de honestidad.

Quisiera prevenirlos de los vicios, de los defectos morales conocidos, pero prefiero que respiren el gozo de la naturaleza y no el odio a la mala disposición de la ciudad o a su carencia de relieve. No sé si me he desprendido de la vieja melancolía, si acá no debo hacer hincapié en la moral hipócrita de la humanidad. Es pronto; son muy jóvenes, y mejor será que se vayan mirando en el espejo indubitable del agua. Yo no soy un pastor de almas, ni quiero serlo. Pero no habiendo periódicos, noticias ni información procedente de fuera, debo allanarles el sendero, adoptar una actitud correcta respecto al futuro que les espera, un futuro lleno de esperanza que deberán proyectar con su empeño. No hay tristeza en mis palabras; la tristeza sólo la pinta los rescoldos que quedan en mí de la sociedad vieja.

Esa albura del oleaje que muere en la playa me infunde vitalidad, anula mi antiguo pesimismo, y aleja de mí las cuitas. Confío en esta mar por la que navegamos a la sazón con firme compromiso. Nadie de la comunidad arrojará por la borda los principios que nos trajeron hasta aquí, de eso estoy seguro.

-¿Te parecen felices, Momo?

-¡Oh sí!, son felices. Tienen un espíritu abierto a las nuevas ideas. Les inculcaste que el espíritu debe estar abierto a todo lo nuevo, aunque siempre bajo la soberanía del entendimiento.

La presencia de Momo me ayuda a sostenerme; sin él la languidez se apoderaría de mí, y no existe Olimpo que me pueda llamar. Aquellos héroes del pasado, no son antecedentes que me puedan servir, ni las precisas onomatopeyas del narrador reproducirían, acá, nada. Nosotros huimos de la tempestad sin soltar una lágrima. Ni siquiera la muerte representa hoy un descenso al reino subterráneo; no, ni las altivas metáforas, ni la sal que extraemos del agua marina nos sirven para descubrir facetas de nuestra desconocida realidad insular. Este, por ahora, no es un mundo mitológico, si bien deseo que lo llegue a ser. Sus nubes prorrumpen de improviso, descargando copiosa lluvia. Entonces, los tallos de las plantas se yerguen, reclamando la corriente de la vida, y los dictados incuestionables de la razón no andan a la brega durante toda la vida.

Sí, los mozalbetes son felices en esta verdad comunal e histórica. Han comprendido que huimos del furioso torrente, de una existencia escandalosa y encrespada.

(a9)

*Ante estas notas íntimas, mi corazón late con fuerza. Las escribo para esos jóvenes de espíritu noble, que quizá mañana las lean con un espíritu enaltecedor de su precisa realidad. **El destino humano como tema, eso es lo importante**; la confianza en su genuina humanidad, lejos de la vieja y sórdida realidad. Sin un canto a la libertad, mi relato resulta endeble. Comoquiera* que la nuestra es una economía primitiva, sin valor económico, donde sólo una clase participa de todo, no oiréis de mí principios, bases, fundamentos económicos. No, aquí no se habla de economía, salvo que la economía general funciona perfectamente. Sabed que, a menudo, dejo correr la pluma, que no escribo para participar en un premio literario, que solamente lo hago para que este libro sea leído por la comunidad en un futuro no lejano. Esa es la razón de ayudarse unos a otros en esta comunidad.

La instrucción primaria es fundamental. No pretendo que este texto se quede en mera moralidad sobre el ser. Pretendo que sea un acicate, un empeño que dé sentido a nuestras vidas. ¡Qué bello es vivir, especialmente cuando se vive plenamente, sin ambigüedades, sin sombras, sin penosos recelos! Qué decir de las maravillas de la vida. Acá no viviremos a salto de mata; nuestra presencia y nuestra decencia no se ocultan en lo reservado.

Los pintores, el arte de la pintura no desfallece en estos tiempos posmodernos. El porqué la pintura es arte diferente de la fotografía, está plenamente demostrado con la aparición de esta última: la fotografía no ha reemplazado a la pintura. Ésta, en su búsqueda de representaciones, explora territorios del alma humana, o visiones matizadas del mundo, evitando confundir la paja con el grano. El dibujo y el cómic van a su lado, abriendo horizontes. En cuanto a las representaciones escénicas (que no son teatro de autor), mi aliento queda ensombrecido. Ocurre algo semejante a lo que significan hoy los efectos especiales en la cinematografía; lógicamente en detrimento de buenas tramas y argumentos.

El interés crematístico lo puede todo en esta sociedad ultramoderna; así como bulle la vena de insulsa sentimentalidad. Me hallo al borde, cual si estuviese en un mar marginal, defendiendo la región del brioso espíritu, ajeno al exorno, a la huera placidez, al violento chisporroteo que producen las armas en películas de escaso contenido moral o que afecte al despliegue espiritual. Esa "acción" es una manera de rehuir la fiera realidad, precisamente la realidad que provoca esa acción, modo seguro de alejarse de una verdadera acción social. Violencia, sinsentido, brutal consideración del ser humano, nimia aportación a la naturaleza, a la sociedad, a la difusión de un mundo que se mueva con la fuerza del entendimiento. Es un modo de levantar barreras entre el espíritu y la cruda realidad. *'Al mal sólo se lo doblega con la brutalidad y las armas'*. Principio de "profunda filosofía", de captación supina, de crónica hipercrítica. No sé. No son más que peloteras de insectos.

Hoy he dado la lección acerca del dogmatismo religioso, de las proposiciones inmutables, de aquello inflexible, que mantiene sus opiniones como verdades inconcusas. A propósito de este asunto, les he referido el pensamiento de Helvecio, quien entendía que el espíritu religioso debía ser *eliminado, pues consideraba el poder religioso como el enemigo más temible*

del bienestar público y del orden social.

-No es un azote de la moral cristiana, que reconoce como aportación

indubitable de la grandeza humana. Su ataque se dirige al poder religioso, a

una institución religiosa que se presenta como un nuevo poder en la tierra.

Sólo el apego a lo vivo, a la realidad puede provocar semejante

manifestación. Hay momentos en la vida en sociedad de significativo

empobrecimiento de la inteligencia, causado por la rutina. Aparecen

sentimientos de falsas grandezas. En esos momentos, surgen espíritus

soñadores, rebeldes, capaces de diseccionar las entretelas más matizadas del

espíritu. Con esa genuina pasión social, sin llegar a burla despiadada,

aparece la severa crítica de la condición humana. Yo pienso, como dijo

Jacques Chevalier), que el absoluto es aprehendido mediante intuición, que

es comunicable. Un grandioso poeta alemán (Friedrich Hölderlin), ejemplo

de 'genio y locura hasta la sepultura', concibió la Poesía, no como un empeño

vanidoso, sino como fuerte solaz espiritual, siempre inspirado por Susette

Bronkenstein (su Diotima). Tuvo recaídas en la enajenación. Su

visionarismo, su honda visión del ser social, le sitúa por encima del

horizonte trillado, confiriendo a la lírica sus antiguos poderes de

conocimiento y magia, de misterio y poder. Todo a costa de esfuerzos

ímprobos que desembocaron en la locura. El amor al humano está por encima de los dogmas, de lo que pudiera mantenerse como firme y cierto. La verdad definitiva reside en el amor a la humanidad.

(a10)

Tratando de explorar la ladera este -con un interés paisajístico y nutricional-, Momo y yo hemos partido portando viejos zurrones. En un hermoso bosque de manzanos silvestres y hayas y acacias hemos visto, surgiendo de la hojarasca, abundantes setas comestibles. Como es época de recogida, hemos llenado los zurrones.

Bajando al litoral, hemos contemplado una playa de finísima arena blanca, que iba descendiendo en estratos. Aquella agua límpida del mar Jono, nos encandiló. Nunca había visto tanta pureza, tanto "espejismo" de riqueza natural. Si el paraíso está en la tierra, debe ser aquí donde puede respirarse; es como si lo material se haya convertido en espiritualidad. Aquí, he de reconocerlo, se convierten los anhelos en realidad. Los poetas -y los poetastros como yo- jamás soñarían con un terruño digno de un alma soñadora.

Nos hemos tumbado en la arena. El suave movimiento del agua nos embeleso. En tal condición, hasta las piedras podrían florecer y las bellas palabras perderse en un trajín distante. Cuando percibimos la mar, algo de ella, un no sé qué, penetra en nosotros; su grandiosidad, su dinamismo, ese continuo recomenzar nos reviste de humildad, como cuando contemplamos el *relámpago. Pero la mar esclarece verdades (sin el agua nada seríamos), revela -si discernimos- una incontenible vitalidad. La biología del mar mantiene un íntimo vínculo con la inteligencia humana. A su manera, señala no lo superficial, sino lo esencial del sentir universal.*

¿Acaso se le puede pedir a la mar iniciativa? ¿Carece su expresión de fuerza? Su pujanza, ¿no se recrea en nuestros adentros? El movimiento del mar no es un espectáculo de exhibición, sino de irrupción, de presencia inconmensurable.

De regreso por la ribera, descubrimos una playa recoleta cubierta de límpidas algas.

-Cortaré suficientes con el machete, hasta llenar los zurrones.

-Sin ti, Momo, estaría perdido. Eres el eco del pasado que siempre necesito, la serenidad que se muestra cual señal luminosa.

Esas algas preparadas convenientemente y cocinadas, sin duda estarán riquísimas. En esta isla mágica no sirven las máscaras, en ella todo se muestra de un modo primordial. Me siento rebosante de energía cuando contemplo su riquísima variedad, la delicada textura de sus rincones solitarios. Cada vez que nos aventuramos en la exploración de esta isla, la isla Felicidad, quedamos fascinados. Es como si convergieran en este punto del planeta luz, vida y melodía. La melodía, de todos modos, siempre la llevo bien dentro, es un son eviterno.

Reanudamos el camino de regreso, volviendo por un bosque donde abundaban las encinas. Apenas habíamos andado un trecho cuando oímos extraños gruñidos. De súbito dos jabalíes grandes, de pelaje tupido, cabeza grande y agudos colmillos surgieron a corta distancia de nosotros.

-¡Que nos embisten! Esa encina tiene ramas bajas, trepemos.

-Momo: esto no lo esperaba.

Me colgué de una rama baja; Momo trepó más arriba.

-¿Cuánto esperarán ahí abajo? -le pregunté.

-Si esperan mucho bajaré blandiendo el machete. Es alimento seguro. Estos están muy bien alimentados, será carne fresca para la colonia.

-Pero pesan, al menos, cuarenta kilogramos -añadí.

-Una vez mate a uno de ellos, tú lo coges de una pata delantera y yo de una trasera. Conseguiremos llevarlo con nosotros.

-Lo matemos o no, tan pronto se alejen y descendamos del árbol, me has de hacer una jabalina con una rama -le apremié.

Después de un rato, ambos jabalíes se alejaron y pudimos descender del árbol. Sin embargo, no bien habíamos andado un trecho, vimos correr hacia nosotros uno de ellos. Su embestida no tuvo éxito, pues entre el machete y mi jabalina lo dejamos tieso.

'El mundo -como dijo aquél-, es una gran voluntad que se empuja en la existencia'. Estas hazañas menores o contratiempos, no nos impiden valorar *este lugar de belleza extraordinaria. Ahora somos huéspedes de este bosque: él es nuestro regalado anfitrión. Cualquier peligro inminente ya no nos desesperará. Colocaré en el mismo plano aquel instinto del jabalí muerto, con el nuestro. La matanza del jabalí, al margen de ser su cuerpo alimento para nosotros, me turba, forja en mis adentros un monólogo de tristeza: es como si, desde este momento, pretendiera volar con un ala rota. Sí, algo se ha roto entre mi obrar y soñar; algo malévolo que se trasluce inequívocamente.*

Últimamente, no sé el porqué, sueño con la Dama de Jono, nuestro querido mar, asombroso, constante. Ella, de hermosa figura, ojos destellantes y ataviada con su peplo, surge sosteniendo un cofrecillo que a mí se me antoja símbolo de la geogenia, o de la voluntad de vida, no sé muy bien cuál de los dos. No obstante, de sus ojos irradia una, que concibo, como doctrina vitalista. Esta Dama del mar me trae recuerdos literarios, tiempos en los que garabateaba versos amatorios, bucólicos, fantasiosos, mas rehuyendo siempre reflejar la realidad. Creo que desea aceptarme como paladín de una cruzada contra... no sé qué. ¿Cruzadas? Las abomino. En todo caso, una misión con objeto de amparar a los descarriados.

Mi amigo Bob Hollander, que escribía para la escena, otrora me decía: "Hemos de ser maestros de niños, tomar un viejo tambor, dos palillos y tocar músicas volanderas que, en su inesperado clímax, penetren en la raíz de todo ser y de las cosas". Bob es un dramaturgo necesario, un "hada" de la

escena.

(a11)

-He corregido vuestras redacciones acerca de "Érase una vez una ínsula".

Dos de ustedes, Pedrito y Carlitos, han usado vocablos con significado

erróneo. Por ello se hace indispensable que utilicéis el diccionario como

libro de cabecera. Sabed de antemano que el afán de escribir es encomiable.

Hoy la lección versará sobre la Elocuencia, la Retórica y el Discurso en

general. Primeramente os diré que conocemos dos extremos en la noche, a

saber: **'la noche clara y serena'** *y* **'la noche oscura y tempestuosa'.** *La primera*

sería la noche del clasicismo (un estilo imborrable); la segundo sería la del

romanticismo y sus derivados, de los que ya hemos hablado anteriormente.

La Retórica tuvo sus comienzos bajo unas reglas severas. Un rétor os

hablaría sobre la teoría de composición que deleita, persuade o conmueve.

La elocuencia cumple los mismos objetivos, pero sin reglas. Se diría que es

naturaleza y no arte, que la interioridad de uno dicta cómo debe desplegarse

el discurso con la máxima eficacia, dependiendo de la amplitud, del tono, de

la atmósfera que se desea recrear. En tercer lugar, está el Discurso. El cómo

hilar un discurso fue históricamente lo primero; luego aparecieron los

rétores. Dicho todo esto, podéis consultar la materia dada hoy en vuestros

libros. Me he permitido cierta libertad en mi exposición, lo sé. Sabed que ha habido grandes escritores que han sacrificado la prosa bella a un sentido cartesiano de la claridad. En cuanto a las adjetivaciones... a menudo, y según la índole del discurso, no son necesarias.

Los mozalbetes me han escuchado con interés, quizá de ellos nazca un poeta que será famoso en Colonia Serenidad. Mientras daba la lección han venido a mi memoria situaciones y pensamientos del pasado. Aquellos actos sobre la gratuidad de la enseñanza y la entereza de sus postuladores rompieron una barrera social proveniente del pasado remoto. Adalides contra el analfabetismo y la incultura pusieron la nota que recorrió el país como un relámpago. ¡Qué tiempos aquellos! ¡Qué grandiosos aquellos que insertaron una vena de pensamiento escéptico y filosófico en sus libros! Allá, hoy, pocos son los que exornan tramas de honda sentimentalidad. Abunda más la trama de superficialidad sentimental, el anodino sentimentalismo. La perfecta adecuación entre el fondo y la forma se ha quebrado. Las piezas de enredo, de entretenimiento han desplazado a las más profundas. Incluso en la lírica, aparece una teñida de colorido, mas carente de profundidad, de emoción lírica. Como respuesta a ello, nace algún que otro libro en el que pululan fantoches, marionetas, burlescas caricaturas y grotescos seres. En fin: el esperpento como respuesta a la mediocridad. ¡Ay, recuerdos literarios, cosmovisión que me acerca al valor lingüístico de nuestro orbe!

-Momo: ¿por qué los dioses siempre habitan en lo alto?

-Escasos dioses surgen de lo bajo. Sin embargo, los dioses deberían convivir con los hombres, de lo contrario es razonable que se ponga en entredicho su divinidad.

(a12)

La Dama del mar Jono

¡Oh, cómo te vi emerger de la mar, mi diosa del reino subácueo! Con tu precioso peplo mojado, y sosteniendo un cofrecillo dorado, irrumpiste en mi vida ya desprovista de ilusiones. De tus ojos surgían destellos, rayos de esperanza ilusionada que penetraron en mí, acreciendo mi desfalleciente existir. Tú, mi diosa de lo azul, de los abismos que renuevan la sensibilidad, de la gracia que se presenta en imagen infinita, reina de mis dulces sueños, Dama de todas mis amarras, la de extrema belleza, eres la razón de mi palabra, de mi ritmo... de mi armonía.

Tú eres lo oscuramente buscado por mí, el placer, la sensualidad, el deleite en su máxima expresión, el misterio de la vida y de la muerte, el reluciente ángel que derrota a la bestia, el verso que asoma como palabra vívida, musicalidad que siempre resuena en contextos resplandecientes. En mi pequeñez, desnudo mi modesto arte, carente de maestría -maestro soy, pero de niños- y de escasa erudición. Te contemplo como si en otro orbe me hallara, preso de tu gentileza, abierto mi caparazón, exaltado por tu sublime presencia. Ahora no me siento ni muerto ni vivo, volandero voy hacia ti para fundirme contigo en un alargado beso.

Sé que en tu cofrecillo guardas un secreto, un secreto del que me muestras su sentido oculto. Pero yo soy un simple mortal envuelto en palabras inocuas, palabras que tratan de abrazar el mundo, de compendiar la vida, de remediar la humana desigualdad. Nada hay fuera de lo común en mi vulgar existencia, nada que requiera inusual elevación. No sé si merezco un beso tuyo, mas lo busco en esta noche amarga, noche de resignación, noche de fracaso.

Ahí estás tú, con tu divina hermosura, con tu lenguaje gestual, con tu cariciosa mirada, sin ocultar nada, sin reticencias. Ha tiempo que te esperé y cuánto más te esperara. Te amé trasplantando plantones de arroz, cosiendo zapatos, haciéndole muescas a los troncos de recios árboles, suscitando la vida en esta ínsula inimaginable. Pero con el verso te desnudé, y alejé mi constante zozobra. Cuando llovía a cántaros vi tu silueta alzarse en la playa y me llené de satisfacción. Tu amparo nos era necesario, Dama del mar Jono, diosa que nos acompañas en nuestras labores, que nos previenes de los momentos difíciles que han de llegar. Un beso tuyo sería un acuífero en mi desierto.

Quizá sólo sea producto de mi sueño, materia onírica, bello misterio, hermosura que rebasa el límite de lo concebible. Ni siquiera mi supuesta gracia verbal puede matizar o expresar tal hermosura surgiendo del mar. Como una revelación de las ondas del agua, como un suspiro salvaje de inverosímil procedencia, como la inesperada luz brotando de una caverna, así penetra en mi interior, espejeando mi mundo.

(a13)

Al vivir uno ajeno a las cosas mundanas, no oye los gritos funestos en la calle a medianoche. Allá, en la otra tierra, esto era frecuente. Pero si no se puede remediar la lágrima inoportuna... Lejos del arte como expresión de sentimientos algo trasnochados y manidos, quisiera que mis versos hiriesen, que la búsqueda de mi "literariedad" consiguiera su fruto. ¡Ay, si pudiera manejar el verso libre con auténtica soltura! Anhelo estar rodeado de pájaros de luz, no de oscuridad, cuando las hojas caen, cuando la torpe lira es incapaz de expresar las noches claras y serenas.

Acá se consolida cada paso a medida que se avanza. La mitad de las casitas ya están alzadas y, por ahora, no nos ha sobrevenido ninguna enfermedad incurable. Un experto en hierbas medicinales y mejunjes hechos con hierbas, se mantiene al día. Estamos, lo sé, obligados a realizarnos en este entorno. Comoquiera que la vida es un Teatro que se resuelve en el mundo, pongamos en ello todo el humano ardor, afirmando el carácter real de la ciencia de nuestra colonia y la objetividad del espíritu en la filosofía de la cultura. La educación del hombre siempre será tema fundamental y, desde aquí, alabo a quienes se formaron a sí mismos, a los autodidactos. No quiero, lo he conocido con anterioridad, un mundo desconchado, lastrado por la miseria, la desolación y la falta de vitalismo, donde sólo triunfa la mediocridad. Esa sociedad -en la que falta el vitalismo- es como un rayo sin luz, o de luz opaca. Siento -pero es necesario- volcar acá toda una zozobra espiritual.

-Bueno, chavales: ¿quién de ustedes nos contará un sueño, soñado acá?

-Yo he tenido uno muy extraño.

-Cuéntanoslo, Evita.

-Es de noche. Yo estoy a orillas del mar esperando no sé qué. De súbito, surge del mar Jono un jinete vestido de blanco. Su negro corcel, siguiendo el refrán: "Caballo que vuela, no quiere espuela" comenzó a corvetear sobre la superficie del mar y en sus patas delanteras parecía sostener un cofrecillo dorado. No sé qué contenía o significa el cofrecillo. Entonces, me desperté.

-Ahora cuento yo, el mío -expresó Luisito-. En una gran mansión se celebraba una fiesta.

-¡Espera, espera!: ha de ser un cuento soñado acá.

-Sí, sí; lo es. Todo estaba adornado con farolillos y cintas multicolores, gran lujo y esplendor se adivinaba por doquier. Paseando por el jardín de la mansión vi una dama con un cofrecillo dorado que parecía buscar algo. Me miró fijamente y me dijo:

-Es un anciano de pelo cano y cuando suda, exhala gotas de agua del mar Jono.

-¿Lo busca? -le pregunté.

-Hace décadas que lo busco; quiero entregarle este cofrecillo.

-Y justamente ahí terminó, mi sueño. Pero era una dama no anciana y, sin embargo, ella buscaba un anciano de pelo cano. Una vez despierto, le puse al anciano el nombre de Caballero de la Sal.

La Dama del mar Jono y el Caballero de la Sal. Extraña coincidencia de sueños ajenos. ¡Cómo no!, los mitos contribuyen al progreso de la humanidad. Mientras dure la vida, recreamos nuestros vacíos con vívidos mitos. Lo extraño es que coincidan los sueños de uno con los de otros. Los sueños y las fantasías de belleza delicada prestan un lirismo fervoroso y lleno de imágenes. Sólo necesito luz, cálida luz, y milagrosos soles de otoño.

No es sólo una gota de agua en el océano, sino una gota de agua en nuestra alma; alma y océano se afanan por resplandecer, por fructificar, por alejarse de masacres. Acá no queremos sonrisas tristes, amargas, solamente sonrisas radiantes, sonrisas que provoquen un despertar animoso del interior. Quizá el cielo, más vasto que la extensión de los océanos, se desvele día y noche por nosotros, con su dinamismo unificador, con sus alas invisibles. El mito es cuna de imágenes, de mensajes, de sal de vida.

(a14)

Bob Hollander me decía: "Un traje ha de ser de buena hechura, y no basta con igualar, se hace indispensable superar al sueño de otros. Las medias tintas no conducen a nada, son pérdida de tiempo". A Bob, el estupendo Bob, el escultor de la escena, el tejedor de utopías sociales, pintor de interiores y de nebulosas escenas de la vida, el renovador total de la técnica escénica... lo echo de menos. Su genio desbordante, su humor admirable y sus apuntes irónicos me hicieron pasar ratos de sublimidad.

*Ahora estará, si no ha muerto en el combate y prosigue la guerra, tras una barricada, esquivando las balas, la artillería... los misiles. Era él, capaz de abarcar y sintetizar la realidad histórica, alquimista de la cultura y de la belleza, quien decía: "La ciencia es una verdad imposible de separarla de lo moral". Me dijo: "Llévate ese grupo, que en él florezca otra humanidad más espiritual, y que no quede inteligencia sin evolución. Acá hemos conocido al hombre "**mínimo**", no permitas que eludan la exploración de un alma refinada. Y si han de ser aristócratas del espíritu, que lo sean. ¡Vete, huye de este tiempo!".*

¿Qué será de él? Uno concibe emocionalmente semejante situación, el desastre, como el fin del mundo conocido. Tras la desintegración del átomo, la bomba atómica. "Yo también quiero vivir sin violencia, sin monstruos alrededor. Las armas modernas no me detendrán de tal propósito".

Conforme me alejaba, después de despedirme ardientemente de él, arremetía contra los especuladores de la suerte de ese continente.

-Señor Bruno: ¿querría leernos algunos de sus viejos poemas?

-Como maestro de ustedes, no puedo negarme. Piensen que la Poesía es una forma literaria, un género que ineludible en cualquier época; no se la puede eliminar, está alojada en el núcleo de nuestro ser, de nuestra perenne humanidad. Sin la poesía nos faltaría la sal de la vida y la profundidad que aporta la intuición. Estos poemas melancólicos que voy a intentar declamar, corresponden a un viejo poemario, compuesto en incómodas horas ". [3]

Comienzo a declamar:

(1. En esas torturantes horas)

Esas torturantes horas

en las que el compás del tic-tac

es fragoroso campo de batalla,

no derrotarán mi ánimo.

Humilde es mi mirada

para con el entorno natural;

fría y abrupta para esos órdenes

que sin pies ni cabeza se fraguan.

---

[3] Poemas del Autor, *Varia poesía*, publicados en el web: poesia.es el 07/09/2013

La igualdad en el pecho se lleva

y en ningún baratillo se cambia.

Sé que volverán oscuras golondrinas,

y nocturnas aves de negro pesar:

mas el arpa de la Libertad

siempre será tocada

por anhelosas manos de nieve,

que nadie espera en la noche agria.

(2. El mundo está agotado)

   El mundo está agotado,

las ciudades están patas arriba

y me siento defraudado

en mi triste buhardilla.

El vacío espiritual

es pobre y desgraciado;

hojas marchitas de mi espíritu

se desprenden sin dolor,

y caen en la pavorosa aridez

de un antro sin impulso vivificador;

en donde no enciende la azulina

y esperanzadora llama.

¡Ay! ¿Qué será de mi alma?

(3. Quizá sea mera ilusión)

Quizá sea mera ilusión

elevarse sobre sí,

sobre toda la temporalidad.

Quizá. Pero deseo nadar contra corriente

en irreal realidad metamorfoseada,

donde sólo lo fantasmagórico

muestre su corona de guirnalda,

donde las palabras acaso iluminen

o abran levantiscos mundos,

mundos nuevos de esperanza,

donde el desperdicio no sea delirante alimento

que nos lleve de ciénaga en ciénaga,

donde el desinterés por los valores humanos

no sea locura ya instalada.

Todo ello, lo sé, tal vez no conduzca

a la gozosa tierra literaria, sino al falso fruto

de un vergel poético donde impera la Nada.

-Son preciosos, señor Bruno.

-*Luisito: Yo sólo soy un aprendiz de poeta y un mediano maestro. Mas deseo que a vosotros os envuelva una luz extraordinaria que os haga mejores de lo normal, que os convirtáis en paladines de la espiritualidad. El mundo rueda en la mediocridad, en el marasmo. Por eso se hace necesaria la aparición de espíritus que superen la visión de este existir petrificado. ¡Agitad vuestras invisibles alas y volad también hacia lo desconocido! El porvenir, no lo dudo, os dará las gracias.*

Estos mozalbetes están componiendo su carácter social. Nadan todavía en la inocencia, pronto correteará por sus mentes la necesidad de una meditación profunda acerca de todo, de lo visible e invisible, del mundo exterior como del interior. Sí, ¡claro que sí!; deseo que lleguen a se grandes pensadores, desbaratadores de falsías. En esta isla, paraíso bajo el cielo inmenso, dilucidarán las causas y reglas del mundo; aquí se apropiarán de la voz libre, del vibrante ondeo de pensamientos ricos pero fugaces, del verdadero sentido de lo justo y erróneo, de los méritos y los defectos, de lo que se agiganta siendo de huera esencia.

¡Oh juventud eterna, oh inmortalidad! Para qué. El hombre tiene su plazo para desplegar sus alas y ofrecer a su entorno lo mejor de sí, de su excelsa naturaleza. La muerte y el dolor, a su alrededor, han de hacerle más fuerte. ¡Ay, ese mundo decadente que he conocido! ¿Cuándo se alzará contra los convencionalismos y los prejuicios? Estas palabras mías quizá reflejen un

espíritu desgarrado interiormente, quizás. Pero tal desgarro viene motivado

por un mundo que se puso patas arriba.

-Allá -me ordenó Bob- mantén invictas las noches literarias y vivo el

sentimiento de lo eterno, ese que se desahoga cuando contemplamos el

dinamismo universal. Que el lujo no pulule junto a la miseria y enséñales la

importancia del trabajo humano dirigido hacia la comunidad.

(a15)

Jamás quisiera dar la orden de batalla. Sé que, en el tiempo, no hay

ejércitos invencibles y, si los hay, tal idea me destroza. Me he puesto asaz

melancólico, por mor de la memoria de un pasado infeliz. No sé; acá en

Colonia Serenidad todo marcha normalmente. Los mozalbetes ya distinguen

el bien del mal, me refiero al profundo, al esencial, al que configura la

existencia. Pretendo que lleven a cabo una función teatral escogida por ellos

mismos. Estoy impaciente por saber qué función han escogido o escogerán.

Quizá vea su color, como uvas pintonas al madurar.

Después de impartir la clase de Ciencias Naturales he asistido a un ensayo

parcial de la obra dramática que han decidido escenificar. El texto lo han

compuesto ellos mismos. Se les ve un prodigioso esfuerzo en desarrollar una

expresión corporal, gestual y anímica. Sonia, la de esbelta figura, posee

dotes excepcionales para la danza y una gestualidad plena de sensualidad.

Aparece un hombre pájaro que se enfrenta, al parecer, al signo de la iniquidad. No tenemos tablado; aún no se han levantado todas las casitas. Pendiente está el Parlamento, La Escuela, la Biblioteca, la fragua y la tahona. Las lecciones las imparto en sitios diferentes. La pasada noche volvieron los ensueños de esos dos seres imaginarios: la Dama del mar y el Caballero de la Sal. Se me antoja que la dama, al ofrecernos su cofrecillo dorado, nos hace creer que tal cofrecillo nos aguarda en el fondo del mar, pero cerca del litoral. Esa es mi convicción al respecto; si bien esto excede a mi capacidad de comprensión.

Por mucho que se fantasee, que se creen seres imaginarios, que extraños fantasmas pululen por nuestro entorno, es imposible que uno se aparte definitivamente de la realidad. La realidad es el inamovible final de todo nuestro pensamiento, todo lo demás nace en función de ella. Volviendo a mi sueño, he pensado en sumergirme para registrar un trozo de mar; quizá halle algo que me deje pasmado. Por cierto, no aguanto apenas dentro del agua, pero acá no hay buceador ni equipo de buceo. Al margen de lo anotado, no hay peripecias a elegir como materia de mi pluma. Leo un libro de cuentos simbólicos o filosóficos que facilitan la autognosis, la percatación de uno mismo. Es evidente que, frente a esta parquedad de movimientos exteriores, hay un profundo movimiento intelectual e interior en todos los campos. Tendré que reprimir mi natural ironía glacial y mordaz, nacida en un adversario irreconciliable de regímenes totalitarios. ¿Por qué la música del amor, la balada, es la única capaz de penetrar mi espíritu y darme vigor?

Con la pluma en ristre: ¿qué invierno puede salir de mis adentros, qué

causas remover, qué efervescencia insular? Amo la inteligente humanidad, la

lucha alegórica entre los vicios y las virtudes, el recurso a ideales

fantasmagóricos que fracasan ante la mezquina realidad. La realidad torcida

requiere la presencia omnímoda de la conciencia moral, la cual puede alejar

a las fuerzas irracionales, a las irrespirables turbulencias. La ironía suave,

la sobriedad, el equilibrio, el distanciamiento de los problemas, todo ello

contra el adocenamiento cultural. Se necesitan, ¡claro está!,

prestidigitadores que hagan juegos de palabras para establecer la verdad, la

verdad de naturaleza social, la verdad que fija el arte de vivir en comunidad.

A menudo me pregunto si yo mismo puedo ser un freno al auge de esta isla,

si poseo el suficiente rodaje para atender a la capacidad intelectual de estos

jóvenes que me miran con discreción. El fuego interior no es móvil suficiente

para estar en la posición en que me hallo. Sumido en profundo sueño, me

dejo llevar por el río de la vida. Reflexiono profundamente sobre ello y me

pregunto: ¿quién, en vez de yo, lo hará? ¿Quién será capaz de traer la fiesta

a Colonia Serenidad? Quizá yo ya sea viejo para impulsar lo nuevo, lo más

novedoso. Sin embargo, frente al árbol marchito, siempre florece el bosque.

Nunca olvido el diablo que llevamos en el cuerpo, la ruina de la Paz, esa

inagotable tendencia hacia un nuevo humanismo. En vista de las atrocidades que se cometían en el mundo conocido: casos de eugenesia, esterilización de seres humanos, matanzas de recién nacidos, campos de concentración y exterminio, sangrientas depuraciones, deportaciones de pueblos... se hace indispensable (permítanme decirlo así) *'cruzar abismos del tiempo, sobrevolar las fuentes de los amaneceres y de la luz'*. Un salto, en definitiva, hacia mundos psicológicos y alucinatorios como protesta contra un orden social desnaturalizado. El ángel caído está ahí, junto a mí. Y quizá me observe replegado sobre mí mismo en la mediocridad material. Hay en todo esto, una crítica a la civilización moderna, un esbozo de una nueva educación del individuo, una búsqueda de la verdadera esencia humana, todo ello para superar la atrocidad del destino humano. Esas falsedades impuestas socialmente por el Poder, esos clarines del miedo... Se ha de conocer la vida de la calle, de la lucha cotidiana viva, de la observación precisa de hombres y cosas para gobernar con juicio. Sobran los mangoneos y las intrigas de caciques y políticos. Un escritor ha de ser espía del corazón humano y penetrar en sus repliegues aún no considerados.

Mi amor instintivo a la libertad individual es mayúsculo. No cabe duda que se requiere una epifanía de la palabra, una creación del nuevo mundo, su posesión por medio de un lenguaje puro; sí, una inspiración ruda y extraordinaria. ¡El arte de vivir bienquisto con el resto del mundo!

Es noche de plenilunio. Estoy tumbado en la arena a orillas del mar. Pienso, no sé por qué, en las pastorelas del medievo y en una rana que oigo mugir lejos. Sé que es de color verde oliva con manchas oscuras y una línea amarilla en el dorso. Es depredadora, se alimenta de insectos, caracoles, peces y polluelos de aves. ¡De peces, vaya animalito! No me tienta su mugido, prefiero pensar en las pastorelas, en las preciosas ilustraciones de cuentos indios o en los cantores ambulantes, trovadores de un mundo casi inconexo.

Bajo el suave manto de la noche me olvido de nuestra precaria situación, del mundo que tratamos de edificar desde la espiritualidad. Alabo la abnegación de la mar, su matiz glorioso, su presencia que estimula cuerpo y alma. Sus frutos son de años, de siglos, de milenios y siempre recomenzando, apostando por la vida: su fruto. Sus olas son su murmullo, su quehacer, su continuo manifiesto. Hay que llenarse de mar, captar su voluntad y sinceridad, hermanarse con la construcción de su medio. Nuestra gratitud con la mar ya es una deuda impagable, una aceptación que rebasa los límites de lo conocido, un eterno agradecimiento que abarca la mismísima dinámica universal.

Por la tarde vi a los mozalbetes azotar sus peonzas. Presto pensé en mis años juveniles y cómo posteriormente indagué en el modo que la peonza, al azotarla, gira de punta invariablemente. Todo se debe a que sobre la punta se sitúa el centro de gravedad de forma perpendicular al eje de rotación. La fuerza angular desarrolla el efecto giroscópico. Por cierto, hacía muchos años que no utilizaba la palabra que a continuación anotaré, y no sé cómo he podido recordarla. El vocablo es: zumbel (cuerda que se emplea para hacer bailar el trompo, en cuyo extremo lleva una arandela metálica o de madera). ¡Qué años aquellos! Comer, beber, jugar, dormir y estudiar. Los niños no podían reparar en la gran nube instintivo-racional que se movía por encima de sus cabezas. Pienso en la importancia que tienen las figurillas a esa edad, en el candor de las relaciones humanas y en el disfrute de comodidades que ofrecía aquel bienestar social que pronto se disiparía. Hasta la primigenia pasión recularía tras la juventud, al observar una realidad mudable, un devenir incierto y unas relaciones humanas interesadas y desnaturalizadas. Veloces vientos se llevarían bien lejos la inocencia, la fiabilidad social, mostrándose triunfal esa posición del hombre estipulada por el mero poder económico.   ¿Quién configura la medida del hombre? ¿La sociedad? El criterio de la verdad lo determina la práctica; es ella la que nos dice qué y cómo sucede lo que tenemos ante nosotros. Lealtad, fidelidad, sinceridad... valores huidos del seno social, han desplegado sus alas y desaparecido.

(a16)

Siento la llamada de la vieja sociedad; no sé qué habrá sido de ella. La devastación, sí, eso será lo que habrá sucedido allá. Acá mejoramos por momentos. No hay enemigos a la vista y las habitaciones se llenan de sol. La luz natural de la mañana nos hace anhelar lo natural y esa comunión con toda la naturaleza. Ella nos enriquece al observarla detenidamente, al dejar que nuestra mirada la recorra. Escribo un rato, nada que pueda aprovechar un editor. Lo mío es pura afición, sin ningún sentido profesional. Pero aprecio el valor de las obras maestras, de las obras que han aportado comprensión a la abigarrada actualidad o del pasado. Y me dejo llevar por las novelas históricas que se atienen, en la medida de lo posible, a la verdadera historicidad. Quiero desprenderme de mi viejo cascarón, eliminar falsas corazas, despojarme de todo lo inútil que pueda hallarse sobre mi piel. Estos son tiempos de desnudez total, de validar relaciones no motivadas por nada, de jugar al trompo (si me lo permiten). Obrar como un hombre de bien, sin más.

Nos llega el agua del río por los canales hechos con cañas de bambú, una vez eliminada la obstrucción de los nudos. Una bomba de agua sería conveniente para otras muchas cosas, pero no disponemos de ella. Ya se ha comenzado a levantar el edificio del Parlamento. La estatua de madera de un hombre presidirá la notoria asamblea. La estatua de un simple hombre, del hombre como medida de todas las cosas, de un hombre despojado de cosas, dominio... imperio. La Colonia Serenidad alienta, sus miembros se enorgullecen, se sacuden posibles maleficios.

Juzgar con entera libertad la realidad social es un derecho que corresponde al ser que vive en comunidad. Mi pugna (ya es sólo una pugna interior) consiste en vivir al margen de un mundo que tiene una idea fija, a saber: el delirio de la destrucción. Cuando contemplo las miserias y debilidades del ser humano, pienso que no es obra perfecta, que su psicología es anómala puesto que acepta la fealdad de una existencia mediocre. Son muchos los desengaños del mundo, muchas las barbaries y osadías del hombre. El verbo exige la libertad absoluta, es norma de vida (norma que debiera seguir senderos espirituales). Así canto la frescura matinal del mundo, tras abrir las ventanas, y no me arredro ante cuadros macabros. ¡Son tantos los matices de la inteligencia y de la sensibilidad!

-A ver, ¿quién puede decirme algo acerca de la biología del caracol?

-Pertenece al filo molusco, es un testáceo (quiere decir que tiene concha) de la clase Gasterópodo y es hermafrodita, aunque no puede fecundarse a sí mismo -contestó Luisito.

-Vive en tierra, agua dulce y mar. Si tienen concha dorsal es en forma espiral. Se arrastran mediante contracciones del pie muscular, que algunos lo utilizan para saltar y otros como aleta para nadar -añadió Evita.

¡Vaya! Estos niños estudian, se esfuerzan por conocer la diversidad biológica, síntoma de que han venido al mundo a ver la luz. Se esfuerzan y prometen mucho. Lejos del contacto e influjo de las vilezas humanas, crecerán como hombres y mujeres dignos de la especie. Preguntan, a cualquier hora, todo lo que desconocen y les inquieta. Acá no tenemos matemático, así que siento que las lecciones de matemáticas, física y astronomía sean elementales. No, yo no llego a la geometría imaginaria. El futuro dirá. Por ahora se muestran como jóvenes extraordinarios que saben apreciar la ingente labor de los mayores, la importancia del trabajo humano. No siempre anoto lo que sucede. Pasan a veces meses en que no registro nada. No soy escritor profesional, aunque me importa dejar constancia de lo que hemos desarrollado en Colonia Serenidad.

Recuerdo haber leído en mi juventud un libro polémico acerca de ensayos sobre el gobierno. Venía a decir que si la sociedad no respeta a la persona humana como individuo, está inevitablemente perdida. Tal sociedad es una sociedad caduca, de donde trascienden decretos y pasan las sombras humanas. Son recuerdos literarios que rozan la inaplazable reforma social. ¡Oh, devorador de sueños! Todavía quedan ancestros terrenales que germinan de modo tiránico. Cuando uno presencia el ocaso de la "verdad" (que nada tiene que ver con el primer amor), es como si viera en ello el fin del mundo. En fin: el hombre, mal que me pese, va cayendo insensiblemente en la degradación. Para cambiar tal tendencia, todo en pro de una cultura ética.

Con estos paisajes, con este goce estético, con esta estimación de la vida (lejos de la niebla del pasado), con esta hambre de verdadera justicia quisiera estar lo que dure la vida. ¡Ay, esa belleza lingüística que busca la exquisitez! El mar, sin duda, también tiene su moral, su respuesta a nuestros desaguisados. Esquilmarlo es chupar con exceso su jugo, recoger los frutos antes de que maduren. Cuando las hojas caen, hay que esperar un tiempo hasta que llegue la floración.

Cuando era niño veía aquellas ancianas vestidas de negro llevando frutos o cosas en la haldada. El tiempo transcurría con lentitud, tardo como el movimiento del caracol. En las calles vacías a media mañana, sólo los pajarillos primaverales armaban alboroto y los museos se cerraban a la hora del crepúsculo. No se veían bolsas de plástico ni objetos de desecho dispersos por doquier, ni se agitaba en la mente sólo la idea de vivir plenamente (burdamente) el momento (con euforia, rebosante de alcohol y de música estridente, sin otras consideraciones que afectan la vida personal). Sin esfuerzo por superarse intelectualmente, sin siquiera una representación vaga del mundo que se trata de perfeccionar, no es posible la elevación social, la grandeza que puede dispensar una sociedad trabada en un armazón ético. La juventud tenía claro el límite de lo admisible.

Sé que es monótono mis discurso, que la brisa primaveral y el colorido del paisaje no pueden aceptarlo. Pero ahí está la llaga, la raíz de nuestros males, la brutal enfermedad de nuestra sociedad. Junto a todo eso, la intolerancia, el egoísmo, la maligna vanidad, y la supremacía del caballero don dinero. Tras el desconcierto llegó la guerra; con la guerra, la muerte; con la muerte, la miseria y el descenso al abismo social. Me muerdo los labios y desde aquí, lejos de los disparos y el hundimiento, contemplo el signo de la sociedad moderna que no ha sabido hallar el verdadero sendero de la vida.

Me daré un respiro y os hablaré de aquellos nítidos y primorosos cielos escandinavos, de la aurora boreal, de los preciosos rincones fineses donde se puede apreciar la remota huella de lo natural. ¿Decís que soy monótono, que desfallezco, que mis palabras son incapaces de transmitir sentimientos, pureza de corazón, de personajes que son símbolos vivos de una época? Cierto. No me mueve el costumbrismo, ni el análisis de complejas psicologías; sólo me mueve lo modelado en la sociedad, la estructuración sincera y unitiva de una sociedad que opta por engrandecerse espiritual y materialmente. Otros asuntos quedarán para otros momentos, donde la incertidumbre, donde el umbral de las tinieblas se haya alejado del mundo en discordia.

(a17)

Momo y yo nos hemos tomado varios días para explorar el extremo norte de la isla Felicidad. Hemos cargado vituallas, los dos zurrones, un recipiente con agua potable, un jarrón, dos vasos, dos sacos de dormir y una tienda de campaña en el bote salvavidas y hemos zarpado por el litoral este. En ese amanecer tan soleado nuestro ánimo parecía triunfal. Cuando llevábamos varias leguas de travesía, le observé a Momo:

-Momo: ¿no te sugiere ese farallón al gigante Atlas sosteniendo la bóveda celeste?

-Sí, pero ese Atlas parece tener calambre en la pierna izquierda.

La luz de los ojos de Momo, siempre tan sarcástico, no es luz que nazca en cualquier mortal. El observa de un modo penetrante, alumbrando al objeto con sus ojos, inquiriendo su desarreglo, su defecto. Él no puede callarse, siempre dice lo que piensa, aunque hiera. Si anduviera por las estrellas, sería sin duda un vagabundo. La mar serena me transmitía un hervor, una animosidad insospechada; para mí era principio y fin de la vida. Existimos como seres conscientes y ello es un don.

La luz, ese temblor de sueños inconcebibles que nos lleva al candor primitivo. Hemos llegado a la desembocadura del río Cristal y hemos varado el bote; por un rato nos hemos extasiado contemplando el entorno. El azul que vemos es un azul espiritual, un azul que me recuerda la aptitud del hombre en la tierra, un azul que es verso hecho atmósfera, un azul que *registra las vibraciones de sensibilidad, que sólo se amarra a la belleza pura. Las rocas de la orilla del mar, son el límite de un reino interior que se bate con el fluir universal lleno de ritmo y armonía. La blanca espuma es producto de un cosmos que ahuyenta las sombras y renace continuamente con un amor que se confunde con el misterio. El ser determina la conciencia, no a la inversa. Mi mirada vaga por este entorno plena de erotismo vivificador, seducida y seductiva. Ya mi intimidad aflora al exterior liberándose incluso de la carga espiritual, por momentos. He aquí el verdadero no ser nada, solamente materia sensible, aire de vida sin sonidos ni palabras. Entonces el mundo inteligible se hace flor poética, hervor que rehuye toda carga, manifestación de arcanos suscitando frenesí.*

Bosque y mar, verdor de hada, estirpes de canción de cuna, visión de naturaleza que conmemora la vida, regreso de lo falso para admirar y conservar lo verdadero, creación mediante imágenes y palabras que vibran, que chisporrotean en la frescura y fragilidad de este ámbito. No hay pulgada ni brizna de hierba que no se muestre libremente a nuestros ojos, impacientes por visualizar la metáfora celestial que se expresa en la calma. Los mensajes no son urgentes sino alentadores, ritmando con una plenitud ideal, con símbolos que ensanchan la concepción de la realidad. ¡Oh, formas elementales, que me insinuáis una pureza perenne! Observo la cabeza de ese pez que sobresale del agua, y ello me trae a la memoria aquel grupo de peces que decidieron explorar el medio terrestre. *"El hombre y la mujer proceden del pez..."*, dijo aquel filósofo y astrónomo griego (Anaximandro), autor de una teoría del infinito, que en él es imperecedero, incorruptible, y no tiene principio porque no puede tener fin. Y así siento el misterio del universo y de la biodiversidad. Acá, sentado sobre la menuda arena, todo conflicto se reviste de mística inocencia, y ya no me importa el nivel más avanzado, el más progresista de la humanidad.

El apogeo del ser humano se evoca batiendo huevos, sabiendo que el huevo es producto de la vida, de un universo indomeñable. Estoy despertando, arrimándome al azul como claro ramaje de la vida, sereno, sintiendo el soplo incierto; y me bamboleo gracias al dinamismo universal, haciendo un alto provechoso en el camino de la vida. Un repentino suspiro se me antoja dictamen de árbol pensil, de copuda trabazón, de fuego purificador. ¿Buscáis la clave de la vida? Ante nosotros está.

Una vez tomado el almuerzo, reanudamos la navegación costera. Una hora después varamos el bote salvavidas en una playa mirífica. Los bosques y matorrales apenas comenzaban a cincuenta metros de la orilla del mar. Aquello parecía el borde de una galaxia, de una constelación, el oleaje de auroras triunfantes, al margen de la medida del hombre. Aquel azul marino tan dadivoso, este grandioso espectáculo, lo siento, libra una lucha de gran magnitud, algo que se escapa a nuestro estrecho entendimiento humano.

¡Cómo brota la belleza de la biodiversidad! Esta transparencia, esta potencia de flor que se abre risueña, este espejo del infinito, que sereno se manifiesta, refleja en mis adentros mundos de fuerza extraordinaria, de imperiales visiones, de melodías con la rotundidad del mármol, de lluvia festiva que recrea la prodigalidad universal.

Esto no es una playa, es un micromundo grabado con indeleble decisión, con misterio, con una entereza que busca la mejor representación, la frondosidad cercana, equilibrio dinámico y biológico que resalta la abundancia natural.

Continuamos la navegación costera. Desde el punto donde nos hallábamos, divisamos la abrupta montaña del interior, que iba de norte a sur, con sus heleros. El paisaje nos seducía sobremanera; su virginidad silvestre nos encandilaba, volcaba sobre nuestras mentes una plenitud inusitada. Aquella hermosura, aquel frescor de misteriosas tierras suscitaba un himno a la Naturaleza; el alma ritmaba con aquella armonía antiquísima, reveladora. La luz venerable del atardecer envejecía nuestras miradas para situarnos en el floreciente origen de la humanidad. Luminosos cielos mantenían la continuidad del sentir humano, de su vuelo espiritual. ¡Oh, fuente de mi existencia, nocturna luminosidad, ciclo de palabra y vida pleno de libertad! Oigo el acento del incógnito misterio, de la suave marcha, de la arborescente ascensión que significa la esencia humana. Participando de esta suprema vitalidad no hay posibilidad de indiferencia, de apatía, de confusión. Todo se alza con divina disposición, digno de elogios, libre de señuelos.

Atardecía cuando nos hallábamos a varias leguas del límite norte de isla Felicidad. Decidimos varar la nave y montar la tienda al abrigo de la brisa marina. Andamos unos metros y vimos un recodo abrupto, perfecto para la instalación de la tienda. Ya anochecía cuando comenzamos a preparar la cena.

Aquel cielo, el mar y los paisajes singulares infundían fervor a nuestra necesidad de explorar la isla. Imágenes de un mundo nuevo correteaban por mi mente. El creciente entusiasmo, la virtud cívica de la colonia, todo ello convenían a nuestro despliegue, al margen de logros o pérdidas. Con estos pensamientos me dormí.

El revoloteó de alcatraces nos despertó al amanecer. Desayunamos, levantamos la tienda y nos dispusimos a navegar. Una hora después, dábamos el giro hacia el litoral norte de la isla. Divisamos delfines. Cuando bogaba mirando al fondo, siempre observaba el cardumen, banco de peces diminutos de color rosado.

Navegando por el litoral norte divisamos, a lo lejos, la ladera de una montaña, pero mucho antes se observaban numerosas copas de árboles. Sin duda era una depresión del terreno que decidimos inspeccionar. Varamos el bote salvavidas y, portando ambos zurrones, andamos por un castañar y *hayal hasta llegar a la orilla de una laguna de origen nival. Una bandada de grullas de coronilla roja descendía hacia ella.*

Comoquiera que nos hallábamos a finales de septiembre y los erizos de las castañas ya se abrían, decidimos formar dos largas varas con arbustos del sotobosque para varear los castaños. Momo manejaba el machete con soltura, mientras yo ataba las limpias ramas para formar la larga vara. Llenamos los zurrones de castañas y regresamos a la orilla del mar. Por el camino hasta el bote salvavidas me vino a la memoria que, antes de asar las castañas, es conveniente realizar un corte en la corteza dura para que no estallen con el calor.

Antes de zarpar, nos dispusimos a almorzar. Una hora después, dimos el giro hacia el litoral oeste. El terreno que divisamos era completamente abrupto. Bogamos sin detenernos y cuando llevábamos dos horas navegando, y como la mar se había rizado, decidimos pernoctar en un rincón acogedor. Antes de declinar el día preparamos la cena.

-Estos, señor Bruno, son paisajes vírgenes, incluso iluminados en su aspereza. Flora y fauna enriquecen nuestros sentidos y una moderada emoción nos conduce por los episodios. Las sombras en la roca, parecen sombras de una región etérea, jamás hollada; acá todo se dirime sin contienda.

-Son bellos panoramas, incluso en su escabrosidad. Pero nosotros, al recorrerlos o contemplarlos, ensanchamos nuestro mundo interior, ampliamos nuestros horizontes, abarcamos más en torno al mundo que nos rodea. Nuestra visión se adapta tanto a lo diminuto como a lo ciclópeo. No en vano, somos hijos del firmamento, de las galaxias, del universo entero.

Con la primera luz del día, desayunamos y continuamos nuestra travesía. Horas después reconocimos el paisaje, pues por esos sitios ya habíamos estado en un anterior viaje. Por tanto, aquí detengo mi narración.

(a18)

Si es verdad que las almas de los hombres, antes de informar los cuerpos, han vivido una existencia anterior (preexistencialismo), no ha servido de mucho. Esto, unido a una falta de preparación cultural y de sensibilidad, ha propiciado el mundo que nos rodea, donde cada cual vive su vida sin importarle demasiado las tribulaciones del vecino. Hay quien se forja en la lucha armada, quien ha perdido la sana reprocidad. Nosotros nos obligamos de mancomún. De noche, a la luz de la lumbre, pienso en estos mozalbetes, en su recta educación y en sus posibles desviaciones. Si al final defraudan no ya mis expectativas, sino las de la comunidad, mi tiempo habrá sido baldío. Esa realidad social que nos interesa a todos se halla alejada del egoísmo y de la amoralidad. Estando juntos se allana el camino, se apartan del abismo y los beneficios se distribuyen entre todos.

Han transcurrido dos años y estamos en pleno invierno. Sólo queda por terminar el Parlamento. La Escuela y la Biblioteca están en perfecto funcionamiento. Los mozalbetes construyen el "emblema de piedra"; están en ello. ¿Qué habrá sucedido al otro lado del mar, qué habrá sido de Bob? Busco a menudo luz en el sueño, así como viaja mi pensamiento alrededor del viejo trompo. Ustedes están viendo el alma de este imperfecto educador, de este individuo que busca un lenguaje de creación sin lograrlo, de este ser que perturba con su serenidad radiante, como la de un remoto clásico de la Antigüedad. Soy nada más que un juguete del azar, un ídolo caído (como tantos otros), cuyo humor quizá transmita "un estilo de vida". No sé. En los acantilados de isla Felicidad vagabundea el sueño de un hombre indistinto. Desde su cima otea un horizonte adverso, intrincado. Tiemblo ante la unidad del cosmos que me llama insistentemente. El caos de las ciudades modernas me trastorna y no deseo asistir a un Carnaval Universal, acompañado de la mordacidad de Momo y de su particular sagacidad. El espíritu se ha alejado del Tiempo; nuestro tiempo carece de verdadero espíritu; se requiere un nuevo humanismo, una renovación ineludible de las bases sociales y una penetración en la ética y pedagogía. La regeneración social es inexorable, si el mundo anhela respirar como una sola criatura.

Anochece y me he acercado a la orilla del mar. La contemplo extasiado, atendiendo su rumor, a la correlación de agua undívaga y amor. Estos son momentos de esparcimiento, de explayarse como la mar en sus riberas, de

sentir la dicha de vivir en libertad. Los móviles de la vida... ¿qué son si no

los envolviera el Amor? El hombre aprende tanto de la amargura como de la

negrura. En soledad aprehendemos la naturaleza del absurdo humano. Esas

olas me transmiten anhelo, libertad, un dinamismo incontenible... la

verdadera esencia de la vida: la mudanza, lo moviente, aquella imagen que

espejea en el alma. Nada es para siempre, mas nunca el Todo se inhabilita.

(a19)

Sé que mientras medito y escribo me dejo muchos cabos sueltos, asuntos a

los que seguramente no habré dado respuesta. Isla Felicidad es noticia

continua. Ustedes se harán muchas preguntas, tales como: ¿quién y de dónde

sacarán el clorato potásico, el fósforo o el lúpulo? Seguro que hay algún

aprendiz de química y otro de herborista, ambos de incógnito; así como lo

soy yo de zapatero. Por cierto, no tengo dotes para esa arte, me falta

disposición, embeleso.

Aquí no hay cristales ni grandes espejos. ¿Que cómo nos afeitamos? Las

mujeres trajeron espejitos en su neceser, los cuales servirán para el afeitado

del hombre. En mi caso, me traje una navaja que afilo frecuentemente; con

ella me afeito, observando de cerca mi rostro en la superficie del agua de un

recipiente. Sí, estamos librando un combate hercúleo, tan fiero como

cualquiera de los del semidiós. Estoy imbuido de optimismo porque Colonia

Serenidad hace frente a las adversidades en común y con resolución. Sólo estamos a merced de nosotros mismos, aportando cada cual sus conocimientos adquiridos para el bien de la comunidad.

Esta noche es tempestuosa, un trueno ha conmovido los cielos... y mi alma. La electricidad atmosférica es manifiesta. Sé que, tiempo atrás, un grupo de personas decidió alejarse de la maldad y belicosidad que afloran en la ciudad y retornar a la naturaleza, al amor entendido como fuerza unitiva (Empédocles). Concebimos ilusiones y con nuestro acervo espiritual - vibrándonos la voz por tanta emoción- zarpamos un día evitando un seguro hundimiento en el caos y la muerte. Sí, escapamos de un abismo de tinieblas absolutamente descorazonador, pero acariciando un sueño dorado. Se encendieron de súbito los faroles del alma y huimos de la contienda mundanal.

Un invisible viento aventa mis papeles y me levanto a recogerlos; yo y mis figuraciones ante la vacilante vela encendida. Los mozalbetes crecen y ya empiezan a tener opinión propia casi de todo. Ellos son el futuro, un futuro que les desean los mayores. Noches atrás creí enloquecer en un sueño. Luchaba por despertar de aquel espacio lúgubre y no lo lograba. ¡Ha sido tan hercúlea nuestra determinación! Reflexionad, vosotros que leéis esto, acerca de lo que os digo, sentid nuestros mudos lamentos, nuestra colectiva consunción, nuestra infinita paciencia. Han acontecido tantos problemas,

tantas elevadas exteriorizaciones, tanto rubor por la tarea inacabada que...
Mas, cuando asoma en el horizonte la primera luz de la mañana, sentimos el
impulso frenético y renovamos nuestro esfuerzo. Es como si escaláramos una
nueva cumbre cada día. Cuando rojea el horizonte al caer la tarde, nos
sentimos satisfechos con la tarea cumplida. Una causa justa -asevera
incierto runrún- es invencible; todo el firmamento se complace en protegerla
para asegurar su éxito.

Soy feliz en la medida que hay sentido en mi andadura; andadura que
revierte en la comunidad. Examinando mi conciencia me doy cuenta de ello.
La conciencia de no sentir más ese ominoso vértigo social, vértigo nacido de
la codicia y de lo meramente cósico. Allí, en la otra orilla del mar, no existía
la deseable fusión entre ser y naturaleza; sólo los condicionantes económicos
marcaban el rumbo. Por eso se perdieron los verdaderos valores humanos y
la luz se tornó opaca, casi negra por mor de su triunfal negatividad. ¡Oh
cielos, oh mundo inconexo, insolidario, de nebulosa hermandad y
predisposición!

Al fuego, en una marmita he puesto a cocer el arroz y, entretanto, sentado
a la mesa, no puedo evitar que gruesas lágrimas resbalen por mis mejillas,
como lágrimas de aquellos peces que en la enésima avanzada no lograron
sobrevivir en el medio terrestre. Se aventuraron al medio terrestre y
murieron, mientras otros consiguieron sobrevivir transformándose. Lágrimas

de pez pero no desorientación; el camino a seguir ya se trazó, y la orientación asumida nos llena de orgullo. La fuerza de voluntad es asombrosa.

A estas alturas, sólo me interesan los textos que ofrecen literariedad. Más allá de la mera descripción, busco una sensibilidad apoyada por la reflexión. Sin operaciones intelectivas, la "literatura" se me presenta como cosa superficial, ajena a la quintaesencia anhelada. El arte, la literatura y la ciencia son tres pilares irrenunciables de nuestra civilización. La vida, sin tales pilares, se tornaría cosa anodina.

Los mozalbetes me han apuntado que piensan levantar una construcción emblemática para Colonia Serenidad. Sería de piedra labrada (piensan en un poema-escultura con el material más natural y propio de la isla) y, sin duda, contendría una bóveda.

-Por favor, señor Bruno: léanos algunos de sus poemas. Los que nos leyó hace días nos gustaron mucho.

-Son poemas de un poetastro, de un maestro de escuela que jamás ejerció como poeta. Siempre me gustó la poesía, la poesía como vía de penetración en el ser del mundo, no como mera comunicación. Hoy, en las grandes ciudades, se alza una poesía callejera desprovista de cualquier elevación.

Pero ya que insistís en que os lea algo , que no será perdurable, comienzo a

recitar:

-LUZ DE LOS OJOS-

(1)

Con esa luz de tus ojos,

con esas tus innumerables estrellas

que resplandecen en mis adentros;

con esa sutil sonrisa que inflama mi pasión;

con ese lenguaje tan fino que hasta las flores

dudan de tu incontestable belleza;

con ese porte que desbarata el concierto;

con ese tu fondo de mar que brama en mí;

con ese vago gesto que prevalece en mi memoria;

con esos delicados dedos palpando mis mejillas

y que robustecen mi ser, ya en declive;

con esos lindos tobillos que me llaman,

pretendiendo transportarme a la dulce deriva;

con ese hollar tu templo, siempre ofrecido

con el aliento de un ser que se hermosea en la vida;

¡ay!, y con ese jardín de mis delicias

que recorre mi lengua presurosa,

cual si lamiera rica miel de abeja,

mientras rodeado de mensajeras manos

mi torpe cuerpo ya brioso se vuelve,

con toda tú, y tus peregrinos labios,

como singulares ramas del espíritu,

con toda su miel, mi corazón impulsan.

(2)

Cuando te miro a los ojos

su luz me devuelve

el viejo sabor a terruño;

entonces, improvisadamente,

te escribo unos versos

que abanican tu efusión.

Te miro y se despliegan mis velas;

te miro y zarpa rara nave,

cuyo interior es mi vientre,

cuyo impulso viene del corazón.

He pasado muchas vicisitudes,

peripecias inconcebibles,

situaciones sólo aconsejables

para expertos en gramática parda.

Mas salí airoso, atrincherado

en arcaicos principios, como aquel:

"Pon el sumo bien en la virtud".

Y estoy satisfecho, porque...

'nada es lo que parece',

y muchas cosas se ponen en fuga

cuando más las necesitamos.

Cuando te miro

yo no sé por dónde ando,

ni tan siquiera qué respiro.

(3)

Qué bello tronco,

qué senos tan tersos,

qué nívea apariencia de mujer

ascendiendo desde el fondo del mar;

y no cual marmórea estatua,

sino como espíritu bondadoso

tiende sus delicados brazos,

quebrando nuestra adustez.

Ofrece la luz de sus ojos,

el mar de su abrazo,

el esplendor de sus piernas,

la pureza de su desnudez...

¡Y yo inmerso en la oscuridad!

¿La habéis visto sembrando dulzura,

despidiendo las naves del puerto,

escrutando la otra orilla?

Camina por las calles de la ciudad

acompasadamente, siguiendo el ritmo

de una musical tragicomedia.

Rehuye la charlatanería

y da muestras de cariño

a los niños desamparados.

¡Qué insobornable su madurez!

Vedla tendiendo la mirada al lagunajo,

escuchando el canto del ruiseñor...

¡Qué luchadora en la vida!

¡Y yo inmerso en la oscuridad!

(4)

Se retira el enemigo por campos austeros,

el aire festivo lo invade todo: ciudades,

estadios, santuarios, riberas, horizontes y cielos.

Ahora la mirada multitudinaria brilla de contento.

Espada, hacha de combate, escudo, lanza,

arcos y flechas ya no atraviesan el aire,

ni despiden fulgores como en los belicosos momentos.

Sopla el viento hacia la costa, avanza el día,

se ilumina el espléndido santuario de los dioses,

el bosque se hace pleno de misterio, regresan las naves,

los aurigas... la atmósfera de los serenos tiempos.

Arde de amor un tallo aéreo en su locura de entrelazamiento.

Resiste la mar los embates de la época, el asalto,

y desde la distancia llega un eco, cuya noble frente

presagia calma, sosiego, el discurso alado, el himno;

mientras busca apoyo la marmórea estatua en el canto

del ruiseñor que jovial y halagüeño la saluda.

Levanta el vuelo la arpía y se yerguen cabezas de aliento.

Algo invisible renace, se alza extraño furor,

se escancia vino en copas de doble cuenco (ambos sirven

de recipiente y pie) y la palabra vuela preñada de luz,

de música y del espíritu de un pueblo. Los héroes

son aclamados por la asamblea del pueblo. Algo revive,

alumbra el canto, el drama... las proezas en el discurso bello.

Bajo un nuevo cielo huyen las tinieblas

y nace una orquesta de instrumentos de viento.

(5)

De esos resplandores dorados,

derramando libaciones sobre una tumba,

surgiste radiante cual estrella cálida

que esparciera sueños de hermosura.

Ya no es más frío el triste túmulo

que fogosos tus desgarradores trenos.

Ahora busca tu virtud la tierra de los recuerdos,

y no te regocijan los aires festivos,

ni la noche, con sus rudas manos,

llena de serenidad la íntima región

por donde deambula luminosa tu belleza.

Los dioses acogen tus elevados sentimientos

y, de noche, las antorchas dan señales

que acercan la traza de los muertos.

El amor hacia tus dos hijos debe prevalecer

a la natural aflicción y al desmoronamiento.

La belleza de la flor no muere en tu entendimiento,

sino que abre caminos de luz que ahuyentan el desasosiego.

Mueve tus manos, impulsa tu espíritu

y que la esperanza alimente tu pecho.

¡Y termina ese manuscrito que es canto por dentro!

(6)

La flor amarilla,

el tallo verde,

la mata, el arbusto,

el árbol frondoso,

la mariposa veteada,

la blanca silla,

el jardín, el trozo de cielo,

la mar, los barcos,

el sol abrasador,

la contemplación de la llanura azulina del mar,

tu silueta femenil henchida de belleza;

todo penetra en mis adentros,

desbordando la obstinada envoltura,

ensanchando mi corazón, abriendo horizontes

como constelaciones de espíritu y virtud.

No, no me he extraviado,

ni busco con la vista

sino con los ojos del espíritu,

lejos del bullicio y de exteriores tempestades,

mas rozando la indigencia del pobre,

al que ya no se le ofrecen racimos

cual nutrientes cantos de pájaro.

Tú, mortal del siglo veintiuno,

es necesario que abandones la guerra,

y fundes templos del espíritu

con la palabra que entra en conocimiento.

La flor amarilla,

el tallo verde,

la mata, el arbusto,

el árbol frondoso...

¿qué son sino signos de reconocimiento

de un mundo próximo

que sustenta nuestras angustias y desvelos?

(7)

Entro en la morada de la angustia

y todo suplica de mil maneras.

Salgo de la morada de la angustia

y ya la aurora guía mis pasos

por esos senderos de desconcierto.

Nubes como luces de neón,

riquezas como vacuas entrañas,

derroche de divagaciones,

apertura de caminos errantes,

travesías hacia la luz sin alma;

sí, ya no hay dioses que promuevan ascensiones,

ni templos que ahuyenten el marasmo,

ni espíritus que desgarren velos de hipocresía.

Pero estás tú que me escuchas,

tú que sabes del valor del esfuerzo,

y del dolor como vía de conocimiento.

A ti que me escuchas, digo:

"¡abajo muros e injusticias!".

(8)

Germina un concepto,

crece la cepa del juicio,

del tronco del sistema

brotan sarmientos de belleza,

y ya el vigor del vegetal

expone sus verdes hojas al sol del mundo.

Sentid cómo el viento agita las hojas,

ved cómo en torbellinos se levanta la hojarasca.

El canto de los pájaros,

la hierba húmeda de rocío,

y la mariposa explorando el mundo floral,

todo bajo el invariable impulso vital.

El universo me hechiza,

me maravilla la creación en su fruto;

ahora mi pensamiento alado

es nave que despliega sus amplias velas

y del viento impaciente recibe el impulso.

"Dejad el destino a un lado

y labrad vuestros campos del espíritu".

Nada de prisiones, nada de lazos,

sólo liberalidad y reto,

decisión y batir de alas

que nos eleve hacia el absoluto.

(9)

Ya respira la mañana,

virtuosa se despierta la mar,

se desvanecen las neblinas...

la suave brisa roza mi faz.

El alegre canto de los pájaros

resuena en mi pagano pecho,

las mariposas revolotean sin cesar,

un rumor levanta polvaredas

en el pueblo de más allá.

Mi alocado ánimo presiente

fuego y llamas en alta mar.

Con viento favorable zarpa el velero,

tu femenil rostro es iluminado por luz fugaz...

mi pluma quiere echar a volar.

¿Quién nada al encuentro de insumisas alas,

quién se modera ante la frente del mar?

Campos del aire despiertan

de su prolongado letargo,

regresa la Poesía con honor auroral,

la bárbara visión desfallece,

nadie sale al encuentro de la esencia

que prospera de manera fugaz.

No; la inocencia está en el infinito,

en un punto huido del mal.

Derramo tres gotas de vino

en esta vasija de bronce,

y de su sonido deduzco triste augurio:

"mi compañera será la soledad".

(10)

Dejadme besar las alas

de esta linda mariposa;

dejadme bañar en el río

con esta ninfa pizpireta

que me mira y remira;

y yo en ella veo la luz

de unos ojos prístinos.

Dadle al gnomo las alas

del horrendo murciélago,

al elfo el arco de nogal,

y llevadle a la bella moza

del duende del bosque,

esta rueca de madera de pino,

construida por aquel genio

que no lo fue del aire,

mas sí del espíritu. Yo,

la reina de las hadas,

conocedora del talante

de la dignísima Ofelia,

me reclinaré en este lecho

de flores olorosas y, de noche,

danzaré con vosotras,

dulce cortejo de hadas.

Despertadme cuando

las libidinosas luciérnagas

despidan esa fosforescencia

de color blanco verdoso.

Mientras tanto, entreteneos

y dad rienda suelta

a vuestras fantasías.

(11)

Instantes de fulgor,

luz de tiempos primigenios,

preguntas, respuestas...

duda y tempestad.

El espíritu naufraga;

los pretextos, ¿qué son ante la razón

y el profundo abismo de los milenios?

El mundo que nos rodea

mantiene un pulso

con nuestro espíritu,

el cual rechaza los senderos

escabrosos y sin esperanza.

El poder, el conflicto,

lo mudable y la belleza

caracterizan nuestro orden:

el gran Teatro del mundo.

Unos son mudos espectadores;

otros actúan sin disciplina;

y los menos señalan la espina

de la selvática rosa.

Una antorcha, sí,

para iluminar nuestro camino,

una brújula para orientarnos,

unos libros de sabiduría antigua,

y una libreta para ir apuntando

lo que acontece y las hondas reflexiones.

"Ser o no ser, ¡he aquí el problema!

¿Qué es más elevado para el espíritu...?".

Sepultad el tedio,

dadle un puntapié a la ignominia,

aherrojad la hipocresía,

y que no veamos en torno nuestro

la insoportable vanidad de pavo real.

No abrazaré a los monstruos

de las horrendas tinieblas,

ni permitiré que el mal

anide en mi desesperación.

Zarpa ya mi velero;

voy a reunirme contigo,

inevitable Muerte.

(12)

Ya no sé por qué océanos navego,

ni si me toparé con el fiero vórtice

de la desabrida desesperanza.

Mas dicen los libros sacros

que hay un tesoro en el Cielo;

y yo no puedo dejar de ser pirata.

Ya mis fugaces sombras

van sellando el abrazo

con los gusanos aborrecibles

que de mí no dejarán memoria.

Mis proyectos, los ensueños,

mi poderosa imaginación...

¿dónde recibirán, inacabados,

el frío beso de la Muerte?

He dormido y soñado con poemas

que son de otra condición;

hastiado del mundo me refugié

en una morada habitada

por tristes y alevosas sombras,

por quejidos, por lamentos...

por el traidor desaliento.

Sólo espero morir en rebelión,

atizar la lacra de la desigualdad social,

y, sin aspavientos,

volcar mi desilusión en torno

al mundo conocido.

Otro pudo ser, mas no fue;

como en Hamlet late la venganza,

la acción como resultado del análisis

acerca del ser y del no ser.

(13)

Ay, rigor de mis cuitas,

antorcha de mi imaginación,

venablo de mis osadías,

y océanos de mi desdicha:

plugo a los cielos que no haya

otro funesto día para el hombre;

no más cadenas, no más pies y manos

aherrojados, no más avaricia

ni abominable hipocresía.

Vosotros que confundisteis al hombre,

que lo esclavizasteis sin más,

que lo tratasteis cual objeto de vuestro dominio,

no sois más que una tara en el ser,

un defecto que a todos nos avergüenza.

Torres se levantaron

con el sudor de los indigentes;

otras hubieran sido si se hubiesen alzado

con el sucio sudor de vuestras endiosadas frentes.

(14)

Es la luz, siempre la luz.

Ella ilumina mi rostro de frente,

me hace sentir mundos distantes,

provoca en mí frases no oídas,

me transporta a parajes donde

es sutil y exquisita la presencia;

y me envuelve una fragancia

como de sándalo a orillas del mar.

Islas diminutas me dan la bienvenida,

torbellinos de sonrisa me llevan

en volandas hacia un recreo

que parece fiesta macanuda.

Y tú vendrás, luego, conmigo;

porque sin tu femenil apostura

me siento melancólico, febril,

incapaz de dar rienda suelta

al necesario furor poético.

(a21)

Los mozalbetes han formado farolillos rojos: ligeras estructuras de caña revestidas con papel rojo, los cuales hemos situado en puntos estratégicos de Colonia Serenidad; iluminan lo suficiente. Hace un momento he oído débiles golpecitos en la puerta y he salido fuera; quizá sean ruidos de alimañas. La media luna flotaba en un cielo sereno, sin mácula. Creo haber visto una silueta de mujer dirigiéndose a la playa. Estoy inquieto, me siento espiado por no sé quién. Quizá extraños ojos me escruten. Me acercaré a la orilla del mar; si he de soltar lágrimas que sean fecundas como las de la flor enamorada o como las del acuitado pájaro que suspira en la rama.

La oscura forma de mujer se me acerca.

-¿Quién eres? -le pregunto, sin sorprenderme.

-Adormilado me llamabas la Dama del mar Jono.

¡Caramba! Creo que me ha estado observando alguna noche, mientras dormía.

-Yo soy Bruno, el maestro de escuela. No sé lo que esperas de mí -expresé.

-Ya conoces mi intención. No soy un obstáculo para ti. El cofrecillo está a orillas del mar.

-Pero... ¿qué quieres de mí? -inquirí.

-Ya hemos mantenido íntimo vínculo. Habito en la mar y no puedo estar fuera de ella más tiempo del que tú necesitas sin respirar, estando inmerso. Quiero... una copia del libro que estás escribiendo. He tocado tu corazón, tu

humildad, tu tristeza. Necesito el fruto de tu fértil verbo. Te contemplé mientras estabas junto a la borda del navío que te trajo aquí. Aunque esté enamorada de ti, no puedo vivir fuera del agua, como tampoco tú puedes vivir en el mundo subacuático. Sólo te pido, por el amor que siempre regirá mi vida, una copia de tu libro -manifestó inquieta.

-Solamente te he visto en sueños, pero también me enamoré de ti. Te puse el nombre de Dama del mar Jono -confesé.

-Me gusta. Soy dama de la vitalidad, la que como el dios Jano, mira al pasado y al futuro simultáneamente. Vosotros habéis tomado pacíficamente la isla y no pretendéis hacer de ella un basurero. Tal respeto me conmueve. Cuando lo acabes, obséquiame con una copia de tu libro. En ese cofrecillo hay un breve mensaje para ti -dicho esto, se adentró en la mar y observándome un momento, se sumergió en las aguas.

Lo que escribo es un montón de notas, de pensamientos sueltos, nada que tenga un atractivo argumento ni plan elaborado. Sin embargo, he de entender que ella no es un lector como los demás, puesto que su naturaleza es diferente. Todo está escrito en el dinámico universo; nosotros sólo leemos notas dispersas, hojas discontinuas de su gran libro. ¿Qué me está sucediendo? ¿Por qué querrá leer con tanto interés lo que yo escribo? ¿Qué extraño vínculo me une a ella? Ella es para mí como un soplo, como un suspiro salvaje que ha penetrado en lo más íntimo de mí. ¡Y el cofrecillo!

Ahora está a la orilla del mar, esperándome. Un cofrecillo que más que flor se me antoja herida, luz extraña, pájaro sin trino ni condición. ¿Acaso sufro alucinaciones? ¿Será que la fiebre me provoca inconcebible pasión erótica? Hasta las hojas de los distantes árboles parecen entonar una canción que versa sobre la luz y la llama.

Entré el cofrecillo en la casita y con ello parecía que alcanzaba el cielo. Lo puse sobre la mesa del comedor y vi que tenía colocada una llavecita en su cerradura. Giré la llave y abrí la tapa. Ignoraba qué hallaría dentro, mas no estaba nervioso sino entusiasmado. Antes de mirar dentro del cofrecillo, traté de recordar la escena de afuera, la forma corpórea de la Dama del mar Jono, su perfil, los rasgos de su cara, la suavidad de sus piernas, la precisa expresión de su bello rostro. No, no estaba loco; tenía el cofrecillo y una oceánide se me había acercado en la matizada negrura de una noche estrellada. No, no hay caos dentro de mí, solamente ansias de realidad, de una que no aturda, enfurezca o deje en vilo al ser humano.

Abrí la tapa del cofrecillo, he dicho, y miré dentro. Un cuadernillo manuscrito y una estatuilla de mujer (sin duda, símbolo de fecundidad) hallé dentro. Las hojas del cuadernillo amarilleaban de ancianidad. El universo de lo real y lo irreal se fundían en un intermundo, seguramente bajo la sonrisa inexplicable de la noche. Hasta la vela encendida oscilaba, titubeaba uniéndose al rapto de mi espíritu. Un extraño tránsito entre la brevedad y la infinitud mudó mi rostro en aquella noche herida, en aquella noche que dio

paso a cierta conmoción, como a un afán de plenitud. ¡Oh fábula irresistible,

cuyo cristal traspasa los umbrales de mi conciencia! Soy testigo de un tan

anhelado como mágico acontecer. ¡Oh prodigio, evidencia de raíz y carne!

Todo se revela ante el Amor Universal, todo se muestra en su verdad y

embeleso. Ni nubes ni galaxias ciegan mi horizonte sensible, sereno y

refulgente; el delirio no me suscita temblor. Siento en mis adentros un

entrecruzamiento de almas.

Comencé a leer:

A un amor imposible

Pocas veces te he contemplado y sólo dos te he observado de cerca, mas ha

bastado para que tu imagen domine mi corazón. Pienso en ti durante todos

los días, desde que me apropié de tu imagen. Sé que fundirnos en íntimo

abrazo es sólo un anhelo, que mi mundo y el tuyo, aunque iluminados por el

mismo sol, son contrarios. Sin embargo, mi dicha ha sido concebirte muy

cerca de mí. Nuestro amor afirmará nuestros momentos vitales, aunque se

hallen separados. Siempre, bajo la luz de la luna y con el nocturno oleaje,

pensaré en ti. Por favor, cuando tengas la copia déjala sobre la roca que hay

al lado del lugar de nuestro encuentro. Bastará con que pongas encima

varias hojas de árbol y sobre éstas una piedra, para que el agua de lluvia o

el viento no lo cambie de sitio. Yo esperaré hasta verlo allí.

La Dama del mar Jono,

que siempre te tendrá en su pensamiento

(a22)

Los trigales se mecen al viento; nos espera una buena cosecha de trigo. Todo promete, aunque no nademos en la abundancia. Ayer hubo una brisa desapacible y una mar encrespada, cuyo albo manifiesto es su espuma. Agua marina armoniosa que origina extraño ritmo en mi alma; sus arpegios me desbaratan. La mar y su sacro misterio retumban dentro de mí.

Algunos mozalbetes ya muestran maneras de escritor; estilo y talento comienzan a despuntar. Cuando rebasen mis conocimientos... ¿quién les impartirá los superiores? Mas por ahí andan el azar y la mudanza. Ambulo por la casita sin saber qué cambio dar a mi estilo literario; no es mordaz y sólo capto la onda de su serenidad. Pero el mundo contemporáneo requiere el despliegue de otras dotes, a saber: la sátira, el humorismo, las cabriolas conceptuales, difusas perspectivas... No sé por qué se me ha dibujado una sonrisa en la cara. Parece como si todo mi ser durmiera en la sombra. No quiero evocar el pasado ni dar razón de sus influencias negativas; se sufrieron injusticias, y un fatídico signo descorazonador se fijó en aquella vieja sociedad que se dirigía al abismo en vez de a la luz. ¡Basta, no diré nada más!

Esta mañana, al bañarme, me he sentido renacer, como una impetuosa vuelta a la vida, hermanado con una historia justa. Un sinfín de radiantes sensaciones y finos conceptos han correteado por mi mente, como rosas fragantes en un esplendoroso día primaveral. Nos llenamos de imaginación para cumplir nuestra misión: la de conformar una sociedad equitativa, honorable y sin jerarquías. Solamente se admite en ella la autoridad, los méritos probados.

Este mediodía he almorzado sopa de arroz y melocotones. Ante nuestra cerveza, lo afirmo, se puede hacer un continuado uso de la palabra. Los mozalbetes están componiendo danzas que evocan nuestro arribo y rumbo. De este modo se puede afirmar que naturaleza y sociedad están en sintonía. El respeto a la Natura está presente en toda nuestra labor. Al fin y al cabo, somos naturaleza que provoca mudanzas, a veces inesperadas. ¡Ay dulzura y felicidad! Pienso en el ancho mundo y en la oceánide de mi corazón, la que espera un mayor conocimiento de mí a través de mis narraciones. He de esmerarme, buscar la claridad y pulir mi expresión. Quizá este manuscrito pueda servir o ser aprovechable en el "viejo mundo".

Dos signos quiero mostrar en los siguientes capítulos, a saber: un amanecer radiante y un nocturno beso (para ella). ¿Lo lograré? Hoy me aborda la misteriosa conjunción de un pájaro de luz y un humano aliento. Pájaro de luz que esclarece la andadura terrenal; humano aliento que aletea en torno al amor, un amor que siempre hermoseará al alma. Detrás del sueño, hay espejos donde mirarse, anuncios deslumbrantes, dardos en palabras que se convierten en llama y luz. El teatro de la vida es una ventana abierta al final de un laberíntico sueño. La vida, el sentir... el pálpito. Adiós a la retórica y a las sombras que niegan un mundo fundado en el Amor. Quiero que mi raíz forme parte de una hermandad que rija el auténtico devenir de los siglos.

Después de cenar, me he acercado a la orilla del mar y me he sentado en la arena. La contemplo bajo la luz de la luna, con su oscuridad y su rigor que cumple un destino. Ella jamás se extravía, siempre alzada a lo infinito nos nutre, ensancha nuestros horizontes, nos acerca a la verdad perdurable. Ahora veo una forma femenina asomarse en la superficie del agua. Algo que no me ha confesado le impide pasar esos casi cinco minutos diarios junto a mí. Desconozco las leyes del universo subácueo; mas una cosa es cierta: que ella se ha enamorado de este maestro de escuela, de este ser indistinto, apartado de lo mundanal.

Su presencia, sin duda, serena mi rostro, endulza estos momentos solitarios, me sitúa en una plenitud imaginaria, pero plenitud al fin y al cabo. Quizá en la eternidad (cuando yo ya no sea ni humo, ni polvo, ni nada), nos fundamos en un abrazo del que surja anhelosa luz.

(a23)

¿Dónde tu cuerpo? Ven. Mi alma desfallece en la sombra fría. Trae contigo los umbrales de la mar, las vagas puertas de la vida. Acariciaré tu azul marino, tu glauca luz y me eternizaré en tus crepúsculos. Amor perpetuo en la arena te daré. Me conmoveré con tu voz sibilina, con tu porte sin igual. Como las olas del mar vienes en silencio a mi mundo terráqueo, un mundo confundido y lleno de falsos ecos y sombras. ¡Oh certidumbre, luz de mi mundo! Para fundirme contigo me sobran la piedra y la llama. Sólo un camino conforma mi verbo sensitivo, amoroso en la traslación de un existir a otro. Suelto, libre, sin modos oscuros puedo vivir en ti, sintiendo en mi pecho el tuyo, suspirando por tu pasión, sin miedo. Mis besos se anudan en ti como tronco de olivo.

En mis noches crepusculares hay invisibles pero nocturnos abrazos, mares con olas que iluminan toda decrepitud. Incluso la noche oscura y serena tiene voluntad de sueño. La posible poesía se medita a sí misma antes de alzar el vuelo, desplegando sus tenues alas. Tú eres mi estrella, Dama del mar Jono, onda pura en mi oscura noche, cielo con núcleos virginales, hoja principal del libro de mi imprecisa memoria, lirio misterioso que palpita en mi errabundo lecho. Mi movimiento, en ti ha llegado a su apogeo, a la indisolubilidad de dos almas que anuncian un lazo eterno. Con mi voz y la palabra te invoco sobre el verde mar y desde mi lecho solitario y frío.

Desnudo acudo a ti, sin bagaje, sin signo, sólo con voz floral y pétrea voluntad. Hazme un rincón en tu lecho marino y permíteme penetrar en tu misterio. Desde ahora en tu luz situaré mi horizonte, mi claridad... mi nocturno beso. Sé que alcanzar el cielo es tanto como abismarse en el fondo del mar, junto a ti. Vuelvo a nacer con renovado soplo y virtudes y no hay espejo donde nunca quisiera mirarme. Mi tiempo vital empieza contigo, en esta nueva confluencia de mí con tu realidad. Beberé contigo el vino de tu real primavera, con suave ritmo, estremeciéndose de placer, avanzando como en sublime cántico, abriendo de la blanca espuma los múltiples ojos de la mar.

Aunque hay honda tristeza en este poetastro, una llama que no se ahoga reaviva mi sentir, situándome constantemente en la línea de la vida que mantiene íntimo contacto con la realidad más cruda. Los ojos de la noche me avisan de una salvación por la luz, de un soñar que busca el encuentro con la piedra, con la niebla, con el arco iris. No hay engaño en este considerar sobrehumano, en esta aceptación de la vida como flor, como gran sentido que cruza la oscuridad hacia la luz, como tiempo hermanado con sones eviternos. No quiero olvidar ni encerrarme en la oscura noche del alma. Existe un sol y horizontes que se abren cuando nuestro pensamiento y palabra rebasan lo cotidiano, los hábitos. Basta con mirar muy lejos, hacia la eternidad que nos recrea con su fulgor y ansias. Rosa, piedra, pájaro son cuerpos que aventuran conocimiento, que resuelven dudas, que ponen cerco al misterio. Siempre estamos entre dos orillas donde se resuelve el alma.

(a24)

-Ha de saber, caro señor Bruno, que la oceánide es ninfa del mar, hija de Océano [4]. Por tanto, es criatura que vive en el mar y en los ríos, pero no puede sobrevivir fuera del agua, no más de lo que usted puede resistir, sin respirar, inmerso en ella. Que son seres deliciosos, de mirada sibilina, que las ondulaciones de sus cuerpos poseen virtud hipnótica, que raras veces han salvado a náufragos tras la tempestad, que no son ángeles de las tinieblas sino de la luz, que sufren extraña atracción por los hombres a los cuales puede seducir con sus bailes pintorescos, dentro del agua. No sé qué puede interesarle de ellas, habiendo tantas hermosas mujeres resplandeciendo sobre la tierra. El mismísimo Orfeo cantó mientras las Sirenas intentaban seducir a los Argonautas. El amor por su esposa Eurídice (una ninfa, una dríade, muerta por la mordedura de una serpiente) fue inmenso, tanto que desconsolado hubo de descender a los Infiernos en busca de ella, acompañándose de su divina música. Las ninfas de las aguas son "doncellas" irresistibles, seductoras, de sin par hermosura. Cumplen el

---

[4]   Hijo de Urano (el Cielo) y de Gea (la Tierra), llamado por los poetas el padre del mundo; deidad griega que personificaba el mar. Tuvo por esposa a Tetis y por hijos los ríos, las fuentes y tres mil ninfas llamadas Oceánides.

mismo papel que las hadas modernas, pero están más cerca de nosotros, de nuestra naturaleza, de nuestro linaje.

-Caro Momo: tu exposición ha sido esclarecedora. Gracias a que estás tan cerca de mí, mi vínculo con la antigüedad griega permanece vivo, señoreándose en mis adentros.

Sí, sin Momo mi estancia en isla Felicidad hubiera sido diferente. Mi tendencia al aislamiento me hubiera provocado desvaríos, alucinaciones. Con él puedo captar destellos, vivaces centellas... fuegos fatuos. Y, ceñudo, me revela proezas de tiempos arcaicos, heroicidades que no hechizarían a los hombres de hoy, cipos que causarían confusión en el alma humana de la contemporaneidad.

A veces me pregunto si la palabra del mar no me estará infundiendo grandes esperanzas, misterios que dejan de ser eternos. La plenitud del mar es también plenitud nuestra, sentir que se explaya por el firmamento, visitando orillas del universo antes no vislumbradas. El mar viene a se como una almohada, un sostén para nuestros sueños. La verdad siempre estará en relación con el mar, con su fundamento, con su existir, con sus impulsos. Sin el mar, sin la gloriosa mar, nos hallamos definitivamente perdidos.

(a25)

-Hoy recitaremos un poema que compuse, dedicado a Friedrich Hölderlin. La biografía y obra sobre este poeta alemán consta en vuestro libro, y ya impartí la lección hace semanas. Sólo añadiré la máxima siguiente que debéis saber: "Genio y locura hasta la sepultura". Su ojo crítico y sensitivo relacionó la sociedad de su tiempo con la de la Grecia que dio origen a la Filosofía y la Mitología. ¿Quién de ustedes se presta a recitarlo?

-¡Yo! -exclamó Joaquín.

-Bien. ¡Adelante!

(A la memoria de Hölderlin) [5]

(a)

En esta mañana asoleada y gratamente propicia

-porque tu nombre resuena inequívoco en mis oídos-

vislumbro que tus blancos cabellos son tiernos pámpanos,

y que, formando parte del cortejo de Baco,

bebes en diáfana copa del purpúreo vino griego,

mientras Apolo, desde la otra orilla del anchuroso río,

se lleva consigo, animosamente, como en inusitada procesión,

el cauce amistoso, las hermosas ninfas y los juncos,

pues todos ellos escucharon embelesados la melodía de su flauta.

Tú, Hölderlin, hijo de la tierra que bebiste el fuego divino,

estás en la cabeza de los poetas, por encima de tormentas,

---

[5] Poema de Autor. Extracto publicado en el web: poesias.es el 01/10/2013, perteneciente al poemario "Baladas líricas".

piélagos e insoportables miasmas, adentrándote en humanos corazones,

buscando las cuerdas infinitas que en ellos constituyen preciada arpa.

Las tinieblas, por más que cobren indestructibles alas,

no pueden con la esperanza del alma humana;

por eso llevas de la mano la Belleza inmarcesible,

e innumerables recuerdos de un mundo que prodigó caricias.

Tus ansias, más allá de lo que reverdece, más allá de prodigiosos renuevos,

más allá de los Inmortales, que siempre gustan de tu candor,

de tu sereno impulso, de tus triunfantes palabras,

han sido el dorado cáliz de nuestras íntimas miradas.

Subido en las vaporosas cimas del Parnaso,

conversas con el Padre y los dioses antiguos;

mientras abajo, una congregación de semidioses y héroes,

te saluda acaloradamente, escuchando cómo los niños recitan tus himnos.

De súbito se borran todas las sombras del mundo,

se extingue toda llama belicosa,

y la muerte se nos muestra con su faz gozosa.

La linda flor, en su calmo reposo,

nos brinda un sublime perfume

que hasta los tenebrosos árboles del bosque saben apreciar.

No, tú no te fuiste de nuestra vera:

te educaste en la Naturaleza y luego

te elevaste para honrar a los piadosos dioses.

Sé que conservas tu sosiego,

que eres un pacificador de llamas,

que en tu desnudo pecho se sigue acunando el misterio.

(b)

Apartaste la hojarasca;

ninguna laguna se observó en tu manuscrito,

ningún desliz, ninguna mueca

que matizara lo dicho.

Paseaste a orillas del Neckar

-observando los verdeantes sauces-

y conversaste con Zimmer,

el maestro carpintero.

Tocaste el piano y firmaste tus nuevos poemas

con el seudónimo de Scardanelli.

¿Adónde fuiste, mi caro Hölderlin,

a qué región irisada donde las Musas

te dieron inspirada bendición?

Esas hijas divinas, bienhechoras en lo alto,

sacudieron tu aquilatado silencio,

y desencadenaron sobre tu cabeza

una tormenta de hímnicos versos

que lustraron tus ritmos, tus ondas...

las cumbres donde llora tu niño viejo.

Si las aguas del Rhin te fueron propicias,

si el pañal de tu niño-hombre

es cual rayo de luz que roza las criaturas,

si sediento de libertad te aferras a la vida

y disputas a los dioses su extrema libertad,

si te conmueven los aires del cielo

y en el supremo Éter sitúas al verdadero poeta,

si en las cumbres del tiempo depositas tus himnos

que abren nuevos nexos y crepúsculos de dicha,

entonces...ofréceme tu tiempo en la montaña,

tu acorde con los riscos y tormentas,

tu armonía con los océanos, los abismos

y ese misterioso y dinámico universo.

(c)

No tengo miedo de tus altos templos,

mi caro poeta, mi apaciaguador Hölderlin,

y aún no habiendo conseguido bañarme

en tus espirituales -pero dolorosas- aguas,

aguardo mi tiempo -que será como el tuyo-,

pues es cíclico y siempre renace cual ave Fénix,

de las cenizas de lo que fue ante el misterio;

y espero anheloso vislumbrar tu fascinante faz

en el reino donde los dioses velan la escritura.

Allá, tu signo brilla moviente,

mientras lo envuelve un silencio

que nutre sobremanera tu evocación.

Olvidado del mundo, vago –como tú–

entre arcanos, relámpagos y arco iris:

compañeros del tiempo oscuro y mi silencio.

Mas yo preservo tus ricos poemas,

los mantengo alejados del polvo,

de la nada, de la mundanal peripecia.

Si nada dejaste acá, en la Torre,

a orillas del Neckar, río en que los sauces

verdean como tu canto en la hirsuta realidad,

ofréceme una copa del vino de los dioses,

y yo besaré la mascarilla de Diótima,

la mujer-diosa de tus anhelos,

y luego, con el divino purpurear en mis labios,

libaré por ti, por tu figura, por tu genio...

por los raudos versos que hinchen mi corazón.

(d)

Desde el horrendo abismo de mi subjetividad

voy componiendo poemas que se recrean con tu utopía,

con los ímprobos esfuerzos de un buscador

a costa de su propia vida (la tuya, Hölderlin).

Después de ti, mi misión no puede ser otra

que una labor de infatigable nominación,

de lírica adoración de dioses espirituales

que están en lo más alto, fijando la suprema posición.

Mas nosotros, los mortales, no estamos separados de ellos:

un mismo luminoso follaje, un mismo sol sensible,

una misma universal conciencia a todos acaricia y alienta.

Los poderes que conferiste a la lírica:

de conocimiento, de magia y de misterio

están reavivados en la chimenea de mi mundo poético,

prestos a desbrozar el ámbito bajo las estrellas

o a iluminar zonas de un abismo inmerso.

Mis ojos al borde del agua,

mi silueta entre humaredas rojas,

mis brazos en nubes que desafían al sueño,

mi espíritu abriendo imperiosos firmamentos...

no sé si mis cavilosos esfuerzos

podrán con la negrura, con las funestas sombras

de taciturnos ríos siempre en silencio.

Pero siendo tú mi Hércules, mi fuego,

arribaré a la otra orilla

de esa mar nativa que arde en columnas de miedo.

Les placerá a los hombres

que la aparición divina

sea en mis labios un canto al viento.

(e)

Una brisa recorre los bosques de mi sueño,

y del cielo bajan corazones cual frutos del amor.

La maravilla de la Creación colma mi alma,

pero nada me sujetará a los delirios del tirano.

Sonrío a los dioses benevolentes,

me anima el vocerío de alegres vendimiadores,

me subyuga el héroe en su simplicidad.

Inclino la cabeza ante el triste cáliz de la vida,

eludo las visiones de días solemnes, sin nubes,

y me alejo hacia una morada para dormir en paz.

Ya no se forjan paraísos,

ni sueños que seduzcan a las innumerables horas,

ni la fresca esperanza me colma de imágenes,

ni aires de libertad cunden por mis venas.

¡Oh espíritu, oh pueblo!...

¿por dónde zozobra tu sentido,

adónde arrojaste tu palabra

para que ahora sólo se incube

el más desesperanzado silencio?

El sonido de las trompetas

y el palpitar de corazones

ya pertenece a los muertos.

¿Acaso desde el polvo al cielo

sólo media la inmortalidad?

No; no más conquistas, no más abandono espiritual;

pues la noche es joven y las engalanadas carrozas

sólo hermandad desean transportar.

La nube de oro —aureolada de luz y centellas-

te sitúa en el árbol cósmico,

donde una brisa silenciosa

llena de emoción y temblor

a las ánimas que jamás ocultaron

la miseria de la vida,

la belleza y plenitud del mundo.

Este barquero que me anticipa

el mudo reino de las sombras,

conoce mi gozo, mi céfiro... mis ramas.

Declina fríamente mi vida;

mas aún puedo tender la mirada

hacia la eterna armonía y perfección,

hacia lo nuevo brotando de lo viejo.

-Ha sido un recital poético perfecto. Como sabéis, el arte de recitar y narrar tiene que ver mucho con la pronunciación y la psicología. Los antiguos cuenteros observaban el rostro de la audiencia y según las impresiones que recibía ponían el énfasis, avivaban o pausaban su narración.

-Señor Bruno: usted quiere ser poeta, ¿verdad? -indagó Evita.

-Ahora sí. Ella, la Poesía, es ahora mi lugar ameno y recoleto.

-Señor Bruno: su poema es fascinante. Pienso que Hölderlin es uno de sus poetas preferidos -expresó Carlitos.

-Desde luego. Él supo conjugar modernidad con un pasado glorioso, mítico y de impulso filosófico. Sabed que estoy orgulloso de todos ustedes, que su estimación del conocimiento y la lectura rebasan mi previa valoración.

Así pasé la mañana, despertando en ellos el magisterio de los clásicos, y de los modernos que no abandonaron la serenidad radiante del clasicismo. La Literatura (con mayúscula) y la Estética comenzaban a estimular en ellos la primera visión de la realidad social, de la Natura y del mundo; se habían espabilado y ya eran capaces de abarcar con soltura muchas materias. El interés intelectivo y el desahogo de sus conciencias caminaban a la par. Espero de ellos, grandes hombres del inmediato futuro.

Sí, creo que mi interés por la la creación poética se había estimulado en mí. Anhelaba la composición de versos humanizadores, con su pizca de revulsivo. Nunca se debe dar de lado a la aportación valiosa de una civilización o cultura; su contribución negativa debe olvidarse. La deshumanización -yo mismo lo comprobé- avanza sin desmayo. Es el mayor peligro de las sociedades modernas. Cuando la palabra del hombre no vuela por los cielos, es que tal palabra ha perdido su raíz, su verdadera naturaleza y se ha convertido en cosa deleznable.

La infancia y la adolescencia son el tiempo de la poesía, de la prosa y del teatro; es en ese periodo cuando hay que inculcarles a los jóvenes el valor de la palabra, el valor de la palabra viva, ajena al engaño. La proyección del carácter y espíritu se forjan en ese lapso de tiempo. Entonces empiezan a cotejar su pensamiento con la realidad social que perciben. Por eso insisto de continuo en que el Teatro de Autor es materia valiosísima para mayores de edad y para jóvenes. Otra es la tendencia de la política social de la posmodernidad: los gobernantes no desean mentes librepensadoras capaces de criticar o confrontar dictámenes o pareceres. Ellos desean una servidumbre, lacayos sin juicio ni parecer.

Acá, en isla Felicidad, no existen límites ni fronteras. Su naturaleza se desenvuelve a su manera y nuestro comportamiento social no busca la ostentación ni el poder. El hombre librepensador (mas marginador de clanes, sectas, religiones) y su espiritualidad laica es el principio y fin de todo (es la medida de todas las cosas).

Acá solamente prospera la ideología que tiende al bien común.

(a26)

En la evocación de mi pasado, cuando mi pensamiento regresa a la infancia, un sinfín de sensaciones adormecidas recobran inusitada vitalidad. La mirada ennoblecida de aquellos años, aquellos signos de descubrimiento y liberalidad, aquel sonreír ante la imagen traviesa o pomposa, todo ello corretea ahora por mi mente, como si trajera los aires de aquel mundo que se esfumó. Más allá de la fisonomía de los personajes, más allá de su peculiar caracterización, más allá de los monólogos inconfesados, más allá de la extraordinaria visión y fantasía permanece un rescoldo que, en relación con el porvenir, se muestra como metáfora de la vida y de los tiempos, de los tiempos que convierten en realidad los sueños de hermandad. La experiencia, la poesía pura, el vanguardismo que va más allá del recubrimiento deben ceder ante aquella visión primigenia, liberadora, que proclama mudamente la superioridad de aquella mirada venerable y nunca evanescente.

¡Cuántos rumbos confundidos en este acre futuro! Buscando las huellas que no son eco ni sombra me topo con la incertidumbre, con el yerro nacido de la raíz, con el insufrible marasmo de la posmodernidad.

Estoy madurando la idea de componer un libro. Para ello he de rellenar aquellos capítulos que plantean cierta dispersión temática. Sé que estas crónicas de isla Felicidad no se atienen a un verdadero concepto de la historicidad; lo sé. Lo único que puedo plasmar es un espíritu vanguardista, una concepción de la pedagogía y del magisterio sumamente atractivos. No puedo aspirar a un compendio histórico, sino a meras anécdotas y pensamientos que enriquezcan la vieja visión de la enseñanza, lo que es posible desarrollar con una "visión panorámica" de la vida. Siento que mis *conocimientos estéticos y estilísticos sean inadecuados, que tras la comprensión de la obra se opere una crítica general de ella. La he concebido sin hacer hincapié en condicionantes ideológicos (salvo aquello de la espiritualidad laica) y sentimentales; solamente considerando los valores propios para un nuevo orden de cosas, de vida, de desarrollo, sin distinción en lo que afecta a la persona. En cuanto a mi preocupación poética, quizá se hayan incorporado demasiados poemas, mas he pretendido que la Poesía rija ese nuevo orden, que sea fundamento, todo ello para evitar deslices o desvíos inadecuados. Cuando se respira la poesía, el mundo de nuestro alrededor crece en dimensión humana, se libera de arbitrariedades, de falsos juicios, de relaciones contaminantes. Es, entonces, cuando la igualdad lo gobierna todo. El sentido de la vida se desprende de una verdadera visión de la vida, así como de una correcta expresión gramatical. Los valores que no debimos jamás abandonar y quedaron en el olvido, vuelven a renacer y se explayan fecundando nuevamente el campo. El mar, la luz, los símbolos, las ensoñaciones juveniles, todo ello se vierte en una aspiración de plenitud, en una razón de amor. En los crepúsculos he visto el alma individual formando parte de una esfera compuesta de almas humanas, una hermosura eternizada, una perpetua redondez de sueños, signos y huellas: la flor de la humanidad transmitiendo un amor que todo lo abarca.*

(a27)

Hoy ha sido uno de los días más felices de mi vida. Al atardecer ha arribado un balandro cargado de libros, material escolar, de enfermería y objetos usuales en la vida doméstica: su timonel es Bob Hollander. Cuando hemos varado la embarcación y sacado los objetos, hemos vivido momentos efusivos. Se ha avisado de su llegada a toda Colonia Serenidad.

-Vengo a participar de vuestro orden y belleza -dijo, no más pisó tierra.

Tanta era mi alegría, mi impulso vital que luego, en la casita, le rogué que me contara todo lo sucedido allende el mar. Algo hay en el corazón del universo que lucha por devolvernos los seres ausentes. Alma y cuerpo están al otro lado de la puerta entreabierta, a la espera de una señal que sólo el éxtasis y el sueño conocen. Lo vi más delgado, también más lleno de silencio. La guerra le reveló múltiples acordes de un mundo apenas concebido. Ha vivido sin dejar de sentirse, sin abandonar la humana esencia vital.

Durante la cena que he preparado, le he narrado los progresos alcanzados en Colonia Serenidad, la disposición jamás alterada de todos sus miembros, el avance intelectual de los mozalbetes. En fin: le he puesto al corriente del desarrollo de la isla. En nuestras noches iluminadas por velas o antorchas, nunca eché de menos la luz eléctrica ni todos los aparatos que con ella funcionan. Acá me he sentido verdadero hombre entre la luz y las tinieblas, y mis sueños, ajenos al gobierno de ínsulas, han recorrido la senda por donde la raíz da lugar al tallo, a la flor y finalmente al fruto.

-¿Y Momo? -me preguntó pensativo.

-Momo ha sido un compañero, otra orientación de la memoria. Sin su presencia, sin su compañía no hubiera resistido tanto. Pero isla Felicidad ya posee vientos antiguos, mitos y hechos que reavivan su ser remoto. El alma de la isla ya no refleja tristeza, sino candor, alegría. Y nuestros sueños, en ella, vivifican el gran Amor que nos invade.

Sentados junto a la iluminante vela, hemos recorrido cielos, abrazando el universo dinámico. Aquella vieja conformidad de mundo y ser se ha hecho patente en nuestros pensamientos y palabras. Nuestro rítmico vuelo ha alcanzado estancias jamás consideradas, alboreando en mares y galaxias lejanos. ¡Ay misterios, presencias invisibles, frentes oscuras del alma! El mundo, el fervor humano también se halla en la menuda visión de la mariposa, en su metamorfosis, en los signos que desparraman pureza por doquier. Con la yema de los dedos he tocado un firmamento de dicha, pétalos enriquecedores, vientos antiguos que acortan las cuitas sociales. ¡Qué momentos de dos espíritus unidos en una universal condición! Yo, Bob y el funesto nudo gordiano. Nuestros sueños no deben disfrazar el mundo ni la realidad social. El sueño ha de ser cristalino, y descender al verdadero corazón de la existencia.

(a28)

-Queridos muchachos: os presento a Bob Hollander, un maestro de la escena, un escenógrafo y dramaturgo que os introducirá en las técnicas y metodologías teatrales. Nunca el Teatro ha dado tantos frutos como los que ha habido con él, sus conocimientos de los ritmos y de las pausas en escena son excepcionales. En cuanto a la caracterización de los personajes, a la improvisación, a la ocupación del espacio creador, a la poderosa imbricación de escenas, a los singulares movimientos que denotan fuerza interior, a la mostranza psicológica no existe otro como él. En Colonia Serenidad faltaba esta gigantesca columna que ahora tenemos entre nosotros. Penetrad y esculpid, dentro de vosotros, cualquier manifestación y carácter humanos. Sorprendeos de lo que puede ser interesante e instructivo en el escenario, soñad en las tablas con vuestra imaginación creadora, interpretando personajes de poderosa expresión verbal, capaces de transmitir no ya pensamientos y sentimientos sino vida, adivinad los contrastes, los cambios de escena, las sugerencias que conducen el espíritu hacia un clímax, en vosotros brillará una luz magnética que derivará en el fascinado espectador. El espíritu de un actor debe ser tan maleable... Cada forma escénica debe plasmar una unidad visible, una tensión que obedezca a la índole de la trama, una variable intensidad de diálogos según el momento escénico. Sentimientos y voluntad deben atenerse al desarrollo del conflicto

escénico, al drama. Las diferentes atmósferas escénicas os situarán en la honda comprensión del texto.

Enfin: esta es la voz y timbre de Bob.

-Queridos muchachos, espero que mi presencia y mi palabra os haga comprensibles las atmósferas escénicas.

Los mozalbetes estaban ilusionados con su presencia; un sentimiento anímico de despegue escénico inundaba toda la estancia. Esta era la hora de un impulso imaginativo, de un ejercicio escénico en profundidad, de nuevos procedimientos técnicos y de sensaciones psicofísicas.

Aguas tranquilas y profundas llenaban mi interior, y mi espíritu se levantaba hacia cumbres insospechadas. Todo, cual un racimo versando sobre lo humano, sobre la verdadera raíz humana, sobre el verdadero sentido de la Humanidad. Una "realidad nueva" se instalaba paulatinamente en nuestros corazones, un sentir de tan extraña como poderosa influencia. La atención de los mozalbetes por Bob era acaparadora, su presencia ya se preveía cual una nueva andadura, como un despojarse de toda hojarasca.

Con un espíritu tan abierto, tan considerado con cualquier elevación del lenguaje no podía ser de otro modo.

-Pero, señor Bob, todavía no tenemos Teatro -matizó Evita.

-Todo lo supliremos con un tablado e imaginación.

Yo los observaba asombrado. Han crecido física y espiritualmente. Son adolescentes que miran la vida sin oscuridad, con un fervor antiquísimo, esperanzado en un progreso unánime. Lejos del engaño y de afanes espurios, se yerguen alboreando, como la luz del día. Ya andan buscando un signo que iguale la totalidad. Los amo porque son la misteriosa flor del mundo, el futuro de la comprensión humana, la humildad y el misterio coronando el candor humano. Me siento feliz al considerar mi alrededor. Sí, soy feliz. Mis precisas palabras se han inflamado en ellos iluminando sus noches. Les pido, con fervor, que disculpen mis errores, mis vacilaciones, esa fatigosa búsqueda de luz.

(a29)

Bob, perfectamente instalado en mi casita, ya se siento miembro de Colonia Serenidad. Trato de decirle que deseo regresar al "viejo mundo" con mi manuscrito, para editar un libro que tal pueda aprovechar. Varias ejemplares he de traer a isla Felicidad. Él es la persona apropiada para sustituirme en la enseñanza; sus conocimientos de materias de las que yo soy inculto es vasto, incluso sus saberes matemáticos son muy elevados. ¡Ay, Bob: qué alegría siento al tenerlo cerca, encendiendo con sus aladas palabras las insumisas horas! Ideas como civilización y perversidad humanas, tan poderosas en mí, se atenúan por momentos, cediendo a la belleza incontenible de miradas que se anuncian con luz propia. Isla Felicidad comienza a despegar, deleitándose con una nueva primavera.

Bob, la Dama del mar Jono, Colonia Serenidad, realidades ajenas a las tinieblas, que clarean en mi interior con su luces, con sus fantásticas miradas, con sus fervorosos tactos. Yo, desde que habito isla Felicidad, ya no soy yo, soy una integridad de hombres, de pensamientos puros, de quehacer ilustrando la existencia. El mañana amanecerá también en un poema preclaro, donde la civilización reencuentre su verdadera huella, aquello que jamás debió alterarse. Visos de un mundo nuevo llegan hasta mí, ofreciéndome su grata experiencia de vejez, de asombroso hervor. Como un sol de ternura me acoge, me envuelve, me abre su corazón de siglos y salvación. Un más allá está a un paso del hombre, una realidad social que se identifica con el equitativo impulso humano, con los sueños de seres que se funden en una sola palabra, a saber: Amor.

(a30)

Llegó el amanecer en que debía zarpar en el balandro. Había finalizado mi manuscrito y me sentía algo nervioso, como árbol sacudido por un fuerte viento; mi interior se negaba abandonar la isla. Pero había que mostrar al "viejo mundo" una nueva disposición, un nuevo tacto, un rumbo diferente. Los rayos de sol acariciaban mi rostro ,cuando salía de la casita con objetos que había de llevar conmigo. Solté lágrimas, lo confieso; me sentí palidecer.

Por momentos me atenazó la idea de que allá, allende el mar, quizá no podría soñar como aquí soñaba, que aquella electricidad poseía un escabroso magnetismo incapaz de ser liberado. Mi sentir, algo febril, anhelaba seguir soñando con el mar, el aire y la luz de isla Felicidad. La pugna que antes presidía el mundo conocido del otro lado del mar me destemplaba.

He puesto la copia de mis crónicas referentes a isla Felicidad en la roca, del modo que me señaló la Dama del mar Jono, mi querida oceánide. Y luego cargamos, Bob y yo, víveres y agua en el balandro que me llevaría al "viejo mundo". Me despedí de todos, asegurándoles que volvería con copias del libro de las crónicas de la isla y demás objetos. Un sol esplendoroso iluminaba mar y tierra cuando zarpé.

(2. Antes, en la vieja ciudad.

La guerra, la muerte)

El rumor de guerra cunde por toda la ciudad. Quien ha medrado en feliz mediocridad no sabe lo que le espera. Ignoro si el desplegar las velas de un altisonante discurso o disparar certeros dardos verbales sirve para algo. La concordia se ha turbado y se abre una senda peligrosa para el ciudadano. La nobleza de ánimo, el papel de hombre de bien son como lenguaje difuso; impera el conflicto como tenebroso sueño que se hace realidad. ¿No sirven las razones, los argumentos, los propósitos? ¿Quiénes infunden sospechas, quiénes buscan en las armas mortíferas el bien del siglo?

Yo siempre estuve al lado del defensor del hombre indistinto, del que reprime las argucias, del que protege la nobleza de espíritu. Mas hay quien acuchilla espectros, quien abre brechas en simas infecundas que amparan la pugna, sin atender a la poderosa voz interior, ésa que siempre inquiere ¿qué es ser humano? El estado del cielo nada nos dice de la farsa cómica, o de la guerra originada entre dos bandos de la población. Una facción anhela cambios en la sociedad, cambios que beneficien su actual disposición; otros se mantienen arraigados en la tradición, ignorando todo anhelo de cambio. El canto del pájaro de la religión tiene fuerza, una fuerza que va más allá de la razón, de la prestancia, del bien común que mejora el orden actual.

-*¿Qué miras, Momo, con esos ojos garzos?*

-*Señor Bruno: una vez fui expulsado del Olimpo, me abrí paso en el mundanal ruido. Entonces me di perfecta cuenta de hasta dónde alcanza la vanidad humana. Mis discursos acerbos continuaron, esta vez dirigidos a la altanería humana. Estaba mirando, en respuesta a usted, el trajín ciudadano, el fuego que conllevan las consignas partidistas, el insufrible horno en que se convierte toda ciudad, cuyos bandos están enfrentados por el odio, a menudo, de origen religioso-político.*

-*Tienes mucha razón, Momo. La ciudad cuando se pierde por mor de una guerra, no da cobijo al cuerpo ni al espíritu. Es el fin de su parlamento; y sólo la beligerancia cobra sentido, aunque no es, desde luego, un sentido humano, por más que la historia así lo haya considerado. Lo humano está por encima de lo religioso: es la flor, la naturaleza, la condición. Mientras el hombre no reconozca su verdadera dimensión, la humana, de la que proceden sus atributos, no será luz, ni modelo, sino diablo desquiciador. Los temas "calientes" de la ciudad vienen de atrás. Lo son de una sociedad que ha vivido a espaldas del igualitarismo, de la justicia social; por tanto, son problemas nacidos de su imperfección, de su obsoleto mantenimiento de estridentes y malsanas capas sociales.*

Sí, ha llegado el momento de modificar la tendencia de la historia social, de levantar el velo que promueve la disgregación. Hay que pesar bien las palabras, el devenir así lo exige. Mas la memoria de lo que han significado estas décadas pasadas, no puede quedar en el olvido. Me bulle el alma al ver los espejos rotos, al contemplar estandartes que ensombrecerán el marco humano. Mas... ¿cómo detener ese río que será de sangre? El edificio social se derrumba y nadie atiende a los defectos de su disposición interna.

Desde la jabalina, el arco con flecha, el mortero y los misiles el choque bélico-cultural quedó perplejo. Ahora comienzan los robots armados, máquinas cibernéticas asoman por un mundo a la deriva, sin luz que ilumine los corazones, sin norte. He aquí que yo no veo al sujeto armado, diestro en mil batallas como un héroe, sino al imbuido de espiritualidad que, sin desviarse del bien, realiza las tareas que importan a la sociedad, que la nutren, que la levantan sobre los escombros de atroces guerras. Sin duda, esto que escribo es, para los demás, una novela y no una epopeya, si bien para mis adentros es esto último.

Ya existen suficientes volcanes devastadores; no forjemos volcánicas guerras que dividen al hombre, que desvirtúan la autenticidad de la humana existencia. El choque de civilizaciones se debe exclusivamente a la falta de espiritualidad. De un bando y de otro, se abandona el amor a la vida, la coexistencia pacífica, y todo se presenta como un regreso al Infierno. No sé *por qué las ideas fecundas, inspiradoras, apenas son consideradas. La musa de la Tragedia no se retira por el foro, sino que continúa revelando el vario rostro de la fatalidad. La musaraña, esa nubecilla que se me pone delante de los ojos, aún no oscurece el funesto concepto de guerra. La industria armamentística se acrecienta, en ella pone la nación su signo salvador. La destrucción del hombre por el hombre, o por la decisión del hombre (en caso de que sean máquinas las que operen), es un pensamiento, un aserto que no languidece al paso del tiempo, que se nutre de odios y pasiones viscerales, en los que la elementalidad campa a sus anchas.*

Ese discurso a propósito para capturar la simpatía del pueblo, pero que promueve la guerra, tiene su origen en una mente belicosa, ancestral, nunca en un tratado de espiritualidad. El gobierno de la nación, el gobierno del mundo pasa por la expulsión de nuestras mentes de la luctuosa realidad de la guerra. No es admisible que ninguna nación sufra tanto quebranto. Jamás me interesaron los arrebatos de un héroe inmisericorde, sus elogios, sus demasías, ni el brillo de sus armas expuestas al sol, ni el entrechocar displicente de aceros. El futuro de un héroe profano, no puede ser otro que el de su heroicidad, si su alma no despierta a los latidos de una nueva existencia, de un nuevo quehacer ajeno a las armas, a la épica, como superior poesía que describe hechos heroicos. En sí, la épica no sólo se basa en lo glorioso y legendario, sino en el orgullo, en la altivez en la suficiencia, es decir: en atributos que no engrandecen la verdadera significación del hombre en la tierra.

(b2)

Sabed que me veo obligado a pedir la paz universal. Antes que me hiele de espanto, que me arranque los cabellos, que se extravíe mi espíritu por mor de una agitación que siembre el desorden... antes que el vacío infinito se apodere de mí, pactaré con Mefistófeles una concordia humana. Rubricaré el documento con sangre, y si he de pedir la paz, vuelto del revés, para acabar radicalmente con la guerra, lo haré. Este tortuoso sueño que se alarga hasta la vigilia, no debe proseguir. La ceguera del alma, el que crezca o se desborde el odio entre los hombres es inadmisible. Gozo de la sabiduría de otros que me precedieron, que vieron el verdadero signo del nudo corredizo y de lo convertido en cenizas. Las huellas de uno, sólo deben valorarse por su inclinación hacia la sociedad, por el deber que deriva de la honradez (religiones al margen).

Lo único sagrado es la vida y su entorno. Cuando observo cómo se fulmina la vida humana, me siento en llamas. Ese encarnizarse contra un semejante, es como si uno huyera de la luz del día, pero hacia dónde, ¿hacia las tinieblas, hacia la perpetua oscuridad, hacia un hondo vacío de corazón? El instinto animal (a menudo promovido por perversas religiosidades) es mucho más que una enfermedad: arrasa y todo lo convierte en humo. Dadme una razón para el exterminio humano, para el genocidio; yo os daré cientos para la pervivencia. No, ese clamor hostil, anuncio de sombríos tiempos, ignora la verdadera medida del hombre: integridad de ánimo y bondad de vida; el hombre virtuoso siempre está unido a la virtud moral. Si el espíritu fija el límite del pensamiento, ¿por qué no establece una frontera infranqueable, a la que yo llamo "guerra"?

Pocos son, verdaderamente, los amantes de la verdad, los que alimentan su espíritu con dones, con ternura, con esa mirada dulce y cariciosa y esa gracia hacia sus congéneres. La guerra ha sido y es parte de nuestro ostentoso discurso, base de la relación entre los pueblos, aciago emblema de soberanía. ¿Qué sería la vida sin la visión pendular de la guerra?

(b3)

En la agonía es cuando se escruta la verdadera luz del mundo. Viene uno al mundo con una luz en los ojos, luz que debiera perdurar hasta la tumba. Una serenidad radiante preside nuestro tránsito hacia el más allá. Esa serenidad ahoga los residuos de toda guerra, y se aleja de las tinieblas dirigiéndose hacia la prístina luz. Entonces uno retorna al sueño, proyectando destellos de luz hacia el interior, ese interior que echó los cimientos de una vida. Lo que es propio de la humanidad se trasluce en esos instantes de defunción. El bien moral, que tiene su origen en las virtudes, se explaya por la sala en el último trance.

Quizá sea la muerte una posada en el camino de la vida, un umbral más antropológico (una rauda visión de la realidad humana en el tránsito) que escatológico. Muere el lenguaje, muere la figura, muere la forma. Tal vez la conciencia, la concepción del mundo, la identidad, huya alojada en el alma; un alma que se da cita con el universo y acaso recorra un paisaje nocturno, antes del umbral que antecede a la concordia. Así como en nuestro camino por la vida necesitamos conocer y corregir nuestros errores, también necesitamos que, en el tránsito, se muestren errores desconocidos o ignorados que expliquen y completen nuestro discurso.

-Idos, el navío está ya pertrechado. No esperéis, la batalla se acerca acá. Deseo defender mi visión del mundo y de la realidad social, lucharé. Pero vosotros, todo el grupo espiritual, debe abandonar esta zona de guerra. Si al final estoy vivo y libre, iré hacia vosotros dondequiera que os halléis.

-Si al final sigues vivo -le expresé con débil voz- pon proa a la estrella Polar y en la primera tierra que divises, allí estaremos.

Badalona a 05/10/2013

*   *   *   *F I N*   *   *   *

www.ingramcontent.com/pod-product-compliance
Lightning Source LLC
Chambersburg PA
CBHW071407280526
45787CB00001B/464